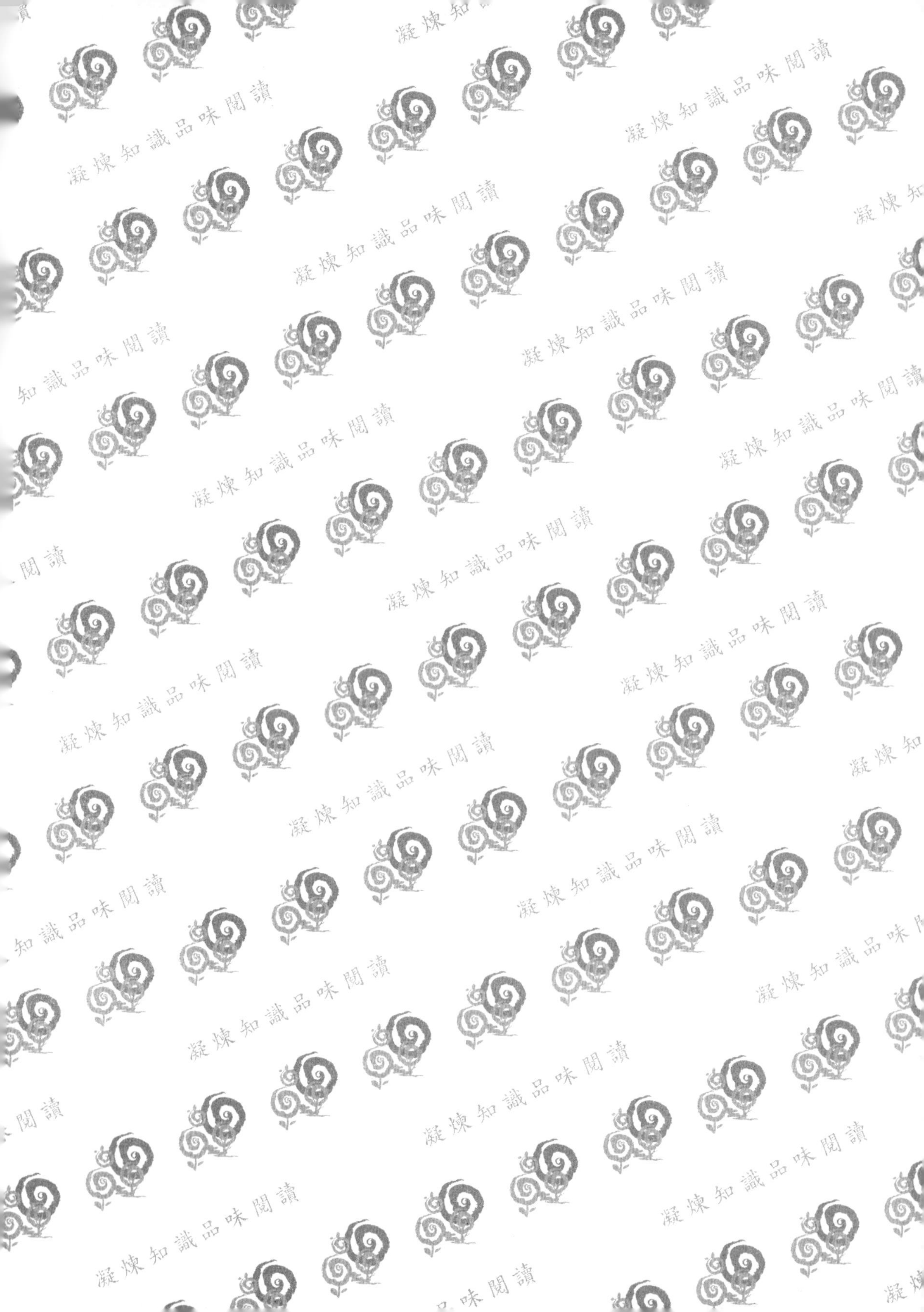

寫出作文滿級分

施教麟 著

五南圖書出版公司 印行

作者簡介

施教麟

About the Author

學歷：私立東吳大學中國文學系

現職：臺北市內湖區明湖國中國文教師

經歷：報紙語言專欄作家、華視基測會考國文科教學頻道主講、臺北市教育局國中國文科輔導團、教育部中央課程國語文輔導團、國家教育研究院國文科教學影片委員

得獎紀錄：

＊臺北市教育局教師組兩性教育徵文比賽第一名（二〇〇三）

＊臺北市教育局教師組兩性教育教案設計比賽第一名（二〇〇四）

＊臺北市語文競賽南區中學教師組閩南語即席演講第一名（二〇〇一）

＊臺北市語文競賽南區中學教師組閩南語即席演講第一名（二〇〇二）

*臺北市教育局「教學輔導教師」學習評量第一名（二〇〇三）
*臺北市教育局「教學輔導教師」檔案評量第一名（二〇〇三）
*臺北市教育局國中組校刊比賽最佳主編獎兼第一名（二〇〇二）
*臺北市教育局國中組校刊比賽最佳主編獎兼第一名（二〇〇三）
*臺北市教育局國中組校刊比賽最佳美編獎兼第一名（二〇一〇）
*臺北市教師會第一屆教師盃歌唱比賽第一名（二〇一一）
*臺北市教育局國中組校刊比賽最佳主編獎兼第一名（二〇一二）
*臺北市教育局國中組校刊比賽最佳主編獎兼第一名（二〇一四）
*臺北市教育局國中組校刊比賽最佳主編獎兼第一名（二〇一五）

其他著作：

文言文練功坊（五南）；名師施教麟解題（寶瓶）；打破火星文——縱橫字謎（合著／寶瓶）；作文好撇步（合著／五南）；成語練功坊（合著／五南）；基測作文大攻略（合著／寶瓶）；作文找碴王（合著／寶瓶）；閱讀古今ON LINE（合著／南億）；情境式創意作文（合著／五南）；心智圖國語文教學指引（合著／教育部）；寫作101（合著／聯合報）；東方好作文（合著／東方）；東方好閱讀（合著／東方）；同音字大不同（合著／商周）；名句現學現用（合著／商周）；論語經典一百句（合著／商周）

作者序 Preface

寫作逆轉勝　考場大翻盤

二〇一三年起，筆者在中學生報開設「作文滿級分」專欄，每月一回，每回兩個版面，分量多矣！若非筆者學究天人，誰能擔此重責？吾人向來以「為往聖繼絕學，為萬世開太平」為己任，如椽之筆既出，自是寫得「一佛出世，二佛升天」矣！二十五回功成，教學相長，自覺功力倍增，不復昔日「明湖阿施」也。

筆者向來自我感覺良好，自覺此二十五回不僅字字珠璣，更是句句開破寫作天機。為能澤被蒼生，造福無緣在報上「拜讀敝大作」之學子，特別集結成冊，取聳動之書名《寫出作文滿級分》，意在寫作考場勇奪滿點六級分也。

筆者身為一線之國中教師，深知「寫作要有豐沛感情」、「立意取材要適當」、

「組織結構要完整」等理論不符學子所需，蓋學生不知如何感情才能豐沛，甚者不知何謂「立意取材」和「組織結構」。其所盼者乃考場「文章寫到稿紙背面」之肉搏戰實用技巧。

化理論為具體，落實寫作手法

為能提升學子肉搏戰功力，「化理論為具體，落實寫作手法」遂成筆者撰寫此書之理念。如「寫作要有豐沛感情」，書中具體提出以悲劇為軸，贏得感情淚水；書中提出之「總分總法」，可讓組織結構臻於至善；書中提出之「食衣住行」法，則能讓取材更多元。要言之，本書有四大特色：

一、具體寫作技巧：深入淺出，貼近課文教材。

二、會考範文賞析：輔以心智圖解析組織結構。

三、馬上學馬上用：「小試身手」提供簡易練習。

四、會考試題分析：藉由三回附錄解析會考趨向。

四大特色由課本教材出發，發展到會考寫作，步步為營，層層相扣，讓寫作生活化兼實用化。一月慢活兩回，一年即可滿載而歸，進而搖身成為寫作達人，讓逆勢考科變成勝出科目，寫作一旦「逆轉勝」，考場自然大翻盤。

五南圖書出版公司是一家信譽卓著的出版社，在業界享有良好的口碑。筆者和它合作多年，深知它對出版品質有著高規格的要求，《寫出作文滿級分》一書能由五南圖書出版公司出版，最是適合。

吾友東坡先生曾言：「文起八代之衰，道濟天下之溺。」善乎大丈夫當如是也。舜何人也，禹何人也，施老師何人也，有為者亦若是。

是為序。

臺北市立明湖國中

施教麟

目錄

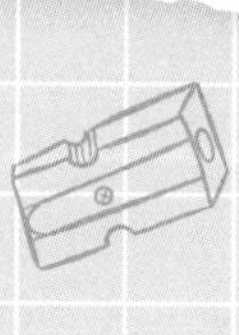

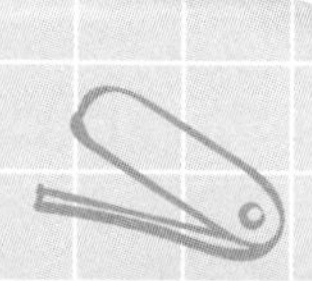

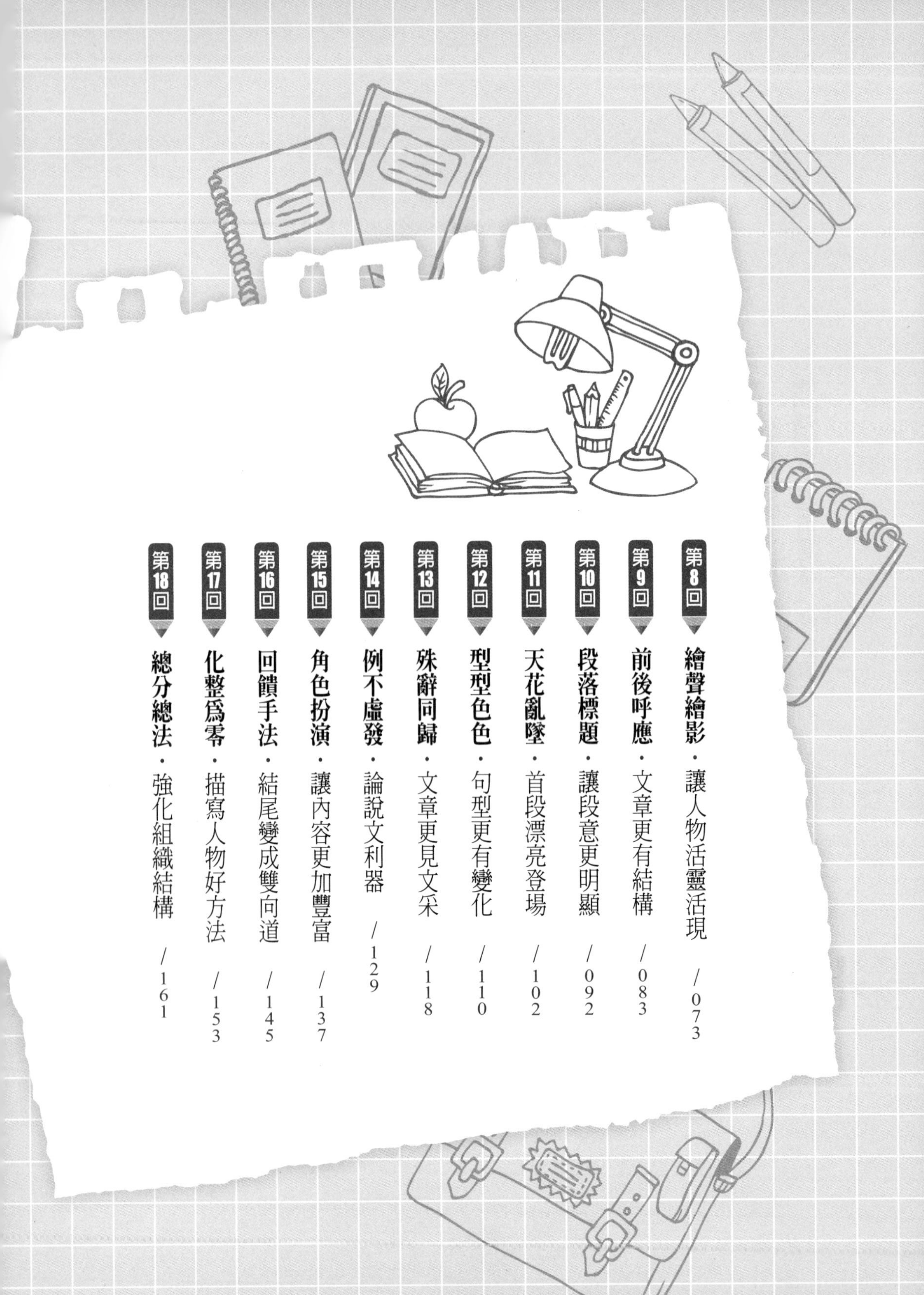

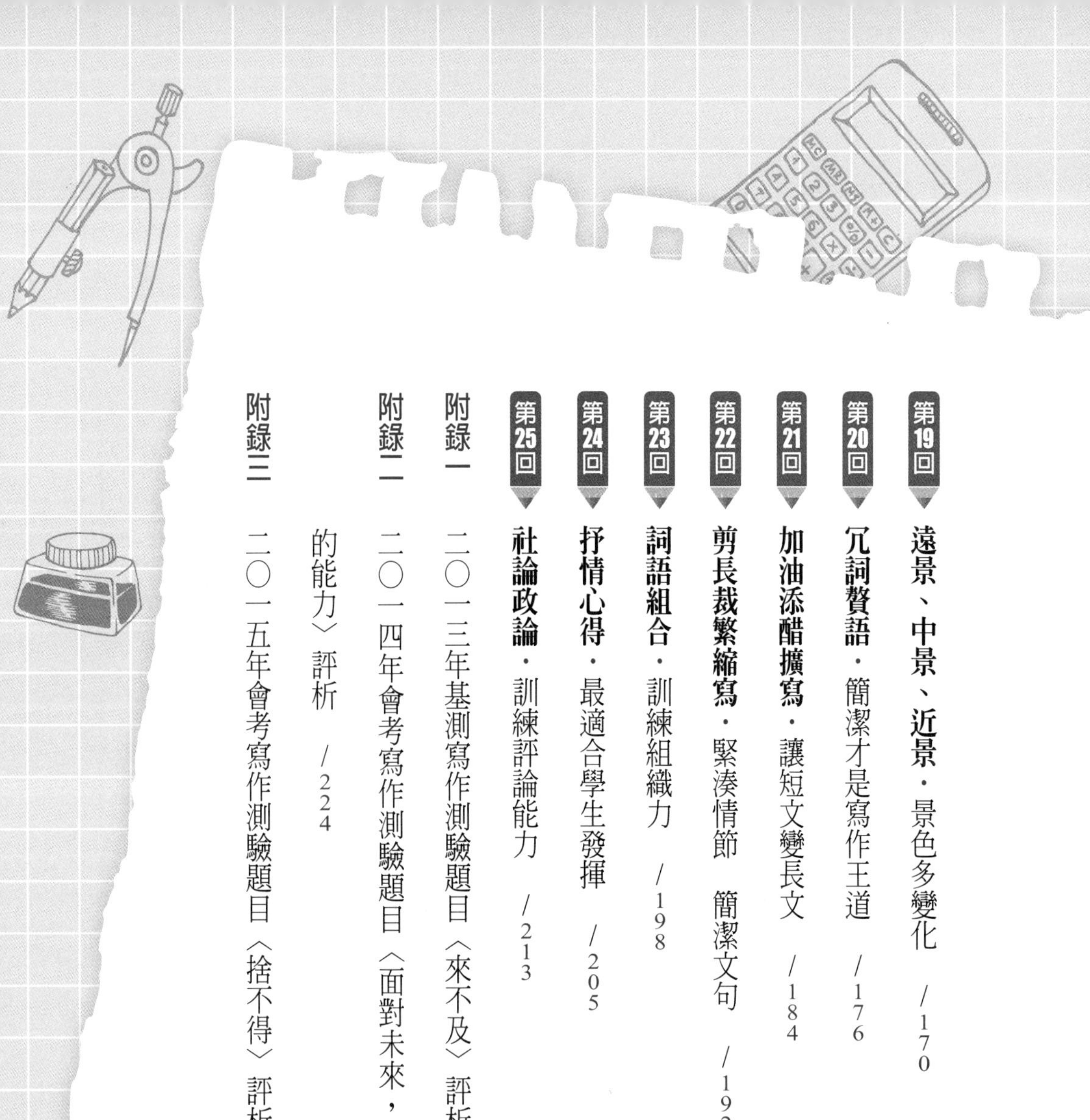

第1回 立意良善 文章才有閱讀價值

「立意取材」、「組織結構」、「遣詞造句」、「錯別字、格式和標點符號」是國中會考作文評分四大項目。「立意取材」排在首位，足見它舉足輕重的分量。底下就先討論「立意取材」。

「立意」就是立下文章的意旨，例如寫作題目是〈我的爸爸〉，有人寫「負責」的爸爸，有人寫「節儉」的爸爸，有人寫「忙碌」的爸爸，有人寫「大方」的爸爸。負責、節儉、忙碌、大方就是立意。

立意良善，文章才有閱讀價值。以二〇〇九年基測寫作題目〈常常，我想起那雙手〉為例，「媽媽煮菜的手」、「義工奉獻的手」都是良善的立意，若是寫成「朋友偷竊的手」，立意就不良善了。立意若不良善，底下的取材就會跟著不良善，讀一篇立意和取材都不良善的文章，讀者會受到負面的影響，還不如不要閱讀。

〈常常，我想起那雙手〉

二〇〇九年基測試題

說明：

在成長過程中，或許有那麼一雙手，常常出現在你腦海。它可能是親人的手、老師的手，是農夫、畫家的手；也可能是乞求的手、掙扎的手，是撫慰、指引的手……。每當你想起那雙手，心中就充滿感觸。請寫出那雙你常常想起的手，以及它帶給你的感受、影響或啟發。

參考範文

飯店廚師運用雙手，烹煮出一道道的好料理；設計師運用雙手，裁剪出一件件合身的時

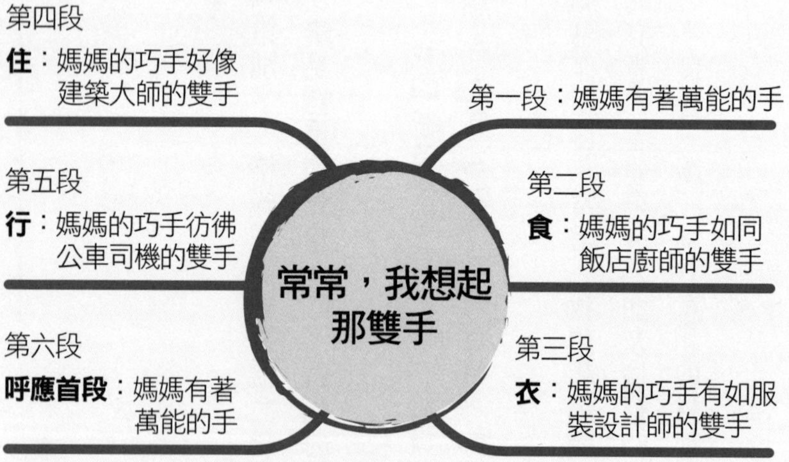

常常，我想起那雙手

第一段：媽媽有著萬能的手

第二段
食：媽媽的巧手如同飯店廚師的雙手

第三段
衣：媽媽的巧手有如服裝設計師的雙手

第四段
住：媽媽的巧手好像建築大師的雙手

第五段
行：媽媽的巧手彷彿公車司機的雙手

第六段
呼應首段：媽媽有著萬能的手

▲〈常常，我想起那雙手〉一文結構心智圖

裝；建築大師運用雙手，建造出一棟棟的房子；公車司機運用雙手，將旅客平安地送到目的地；而我最常想起的手，是媽媽那萬能的巧手。

媽媽的巧手如同飯店廚師的雙手。她對飲食很有天分，經由她巧手端出的料理，不僅色香味俱全，而且是低鹽低油的健康美食。簡單的番茄炒蛋，在她巧手下，保證令你愛不釋「口」。

媽媽的巧手有如服裝設計師的雙手。穿了多年的舊衣，經過她的巧手修改，就成了最潮的當季流行服裝。無論是修改褲管或腰身，裁縫機一啟動，媽媽巧手輕移，合身的衣服就展現在眼前了。

媽媽的巧手好像建築大師的雙手。在她精心規畫下，二房一廳變成了三房兩廳。廚房、餐廳、客廳、臥室，動線流暢。一有髒亂，媽媽的手隨時打理，家裡總是一塵不染。

媽媽的巧手彷彿公車司機的雙手。她開起轎車來，舒適安穩。每天上下學，媽媽都用那雙沉穩的手緊握方向盤，安全地將我送到目的地。假日到宜蘭旅遊，我在車上補眠，一覺醒來，那雙巧手就將我送到童玩節的門口了。

媽媽的巧手就像廚師、設計師、建築師和公車司機的雙手，在食衣住行各方面協助著我。就是這樣一雙萬能的手，讓我不時地想起，並充滿了感激。但願多年後，我也能擁有媽媽的巧手，既能回報媽媽，也能幫助更多的人。

〈常常，我想起那雙手〉一文的立意為「媽媽萬能的手」，各段取材分別為「食、衣、住、行」，都是扣住立意「萬能的手」發揮。藉由本文即可明白：立意和取材的關係是密不可分的。

食衣住行　貼近生活經驗的寫作材料

選取寫作素材，可從食衣住行、時間空間、古今中外、親朋好友等聯想，讓題材更加廣泛多元。

「立意」確定後，我們才能根據意旨選取材料撰寫，再以〈我的爸爸〉為例，如立意是「節儉的爸爸」，我們一樣可以從「食衣住行」取材：

食：參加宴席後，常常提著剩菜剩飯回家。

衣：身上的衣服永遠是夜市地攤的便宜貨。

住：雜物四處堆放，捨不得丟棄破舊廢物。

行：腳踏車是主力，萬不得已才搭乘公車。

取材自「食衣住行」最能貼近日常生活經驗，對人生閱歷尚淺的學生，最是適用。

小試身手 1

參考「節儉的爸爸」的「食衣住行」取材後，請以〈愛美的姊姊〉為題，寫出她的「食衣住行」。

參考答案

食：為了維持身材，姊姊從來不吃高熱量的炸雞排和珍珠奶茶。

衣：姊姊的薪水大半花在治裝，她以「跑在流行的前線」期許自己。

住：她的房間擺滿了各品牌的化妝品，在家敷臉更是家常便飯。

行：腳踏車是姊姊的交通工具，她常說：「一兼二顧，減肥又省錢。」

除了「食衣住行」，「時間」也是很好的取材。以二〇一四年會考寫作試題〈面對未來，我應該具備的能力〉為例，可將時間切割成「古時」、「現在」、「未來」：

古時：古時只要具有熟背四書的能力，就可在考場一爭長短，成為達官貴人。

現在：現在是地球村的時代，要能擁有國際觀，就須具有外語能力。

未來：未來是資訊一日千里的時代，除了外語能力，科技能力更是不可或缺。

小試身手 2

參考〈面對未來，我應該具備的能力〉後，請以〈面對年老，我應該有的準備〉為題，從「古時」、「現在」、「未來」三方面取材。

參考答案

古時：古人認為多子多孫多福氣，「養兒防老」是當時的共識和準備。

現在：現在是少子化的時代，有著健康的身體和養老金，才是最好的準備。

未來：未來是一個高齡社會，我要督促政府營造出一個適合老人的環境。

除此，空間也是很好的取材，可以國家為單位，從中選擇材料。底下是以教育部範例試題〈傷痕〉為例的空間取材：

馬來西亞：馬來西亞最大的傷痕，是客機在烏克蘭遭到飛彈擊落。

日　本：三一一海嘯造成的傷害，至今仍深深地烙印在日本人心中。

臺　灣：統獨政治對立，造成社會動盪不安，是臺灣人永遠的痛。

小試身手 3

參考〈傷痕〉後，請以〈遺憾〉為題，從國家取材，完成下文。

國家一：

國家二：

臺　灣：

法　國：拿破崙慘遭滑鐵盧而兵敗，是法國最大的遺憾。
阿根廷：在世足球賽中將冠軍寶座拱手讓給德國，令阿根廷懊惱不已。
臺　灣：臺灣最抬不起頭的是，在亞洲四小龍中，長年敬陪末座。

除了可從「食衣住行」、「時間」、「空間」取材外，第11回「天花亂墜」專欄介紹的「古今中外」和「親朋好友」，也是絕佳的撰寫材料。有時，取材會彼此相關聯，既有「空間」，又有「時間」；既是「古今中外」，更是「親朋好友」。如「拿破崙慘遭滑鐵盧而兵敗，是法國最大的遺憾」一例，時間屬於「古時」，空間屬於「法國」，更是「古今中外」的「古」和「外」。

要言之，食衣住行、空間時間、古今中外、親朋好友等，只是提供思路，作為參考而已。真正的寫作高手，是不受這些拘束的。

組織結構
眞架構好材料

這一回要探討的是會考寫作評分四大規準中的「組織結構」。甚麼是「組織結構呢」？大廈的組織結構是「梁柱」，人體的組織結構是「骨骼」，所以，組織結構就是主架構，有了健全完整的主架構，大廈才能撐起，人體才能站起。同樣，文章有了好架構，真材實料才能填入；文章若少了架構，內容就會東扯西拉而顯得雜亂無章了。

文章要如何才能組織結構完整呢？且以下一頁基測〈影響生活的一項發明〉六級分作品為例。

〈影響生活的一項發明〉 二〇一二年基測試題

說明：

想像一下，沒有眼鏡、牙刷、沖水馬桶、鞋子、照相機……，生活會有什麼不同？許多發明對生活產生極大的影響：鎖的發明，除了保護居家的安全，也是對個人隱私權的一種宣示；藥物的發明，除了紓緩個人身體的不適，也可以控制人類疾病的蔓延，但有時也可能因濫用而危害生命。請寫出一項發明；就你的經驗或見聞，說明它對生活的影響。

參考範文

俗話說：「一日之所需，百工斯為備。」我們耳目所及的萬事萬物——哪怕是一件微不足道小事、一項毫無存在感的工具——都不僅僅是周遭眾人的合力，還必須仰賴先人智慧的積累。有些連發明者都不知何許人也、看似稀鬆的發明，其實都在默默影響著我們。

衛生紙就是屬於這種發明。它從何而來？無人知曉；它又有何裨益呢？好像只能讓人信手拈來、擦擦桌面而已，並無什麼貢獻啊！相信我們對衛生紙的第一印象便是如此：有髒汙就隨手抽一張在其上擦拭，等到擦乾淨時，我們還會對那時已經汙穢不堪的它投以一個嫌惡的眼光，巴不得它立即從眼前消失。但是，假如有一天沒有它了呢？

有一次在上課期間，我正陶醉於臺上老師精采的說書，突然，我的腸子像是被人打了數以萬計個結，還擰了幾十圈。我當場痛得汗如雨下，不管三七二十一，拚命往廁所衝。等我平息我腹中惱人的叛亂後，我才發現我栽進了一個由沖水馬桶和冷冰冰的四面塑膠牆所組成的致命、難以抽身的漩渦，而那塊讓我起死回生的漂流木卻遲遲沒有現身。那塊木便是薄到令人毫無感覺的幾張衛生紙，當時我多麼希望有同學能拉我一把，但偏偏正值上課時間，沒有人會看到的，而我便只能光著下半身、痴痴地任漩渦將我和時間一同吞噬，等鐘聲的曙光穿透我進退兩難的窘境，等那幾張望眼欲穿的衛生紙替我著衣，帶我逃離這令人毛骨悚然、不寒而慄的漩渦。

從那一刻起，我便了解到：衛生紙之所以偉大，不是因為它能捨身將己陷於汙穢，也不是因為它隨抽隨用，而是因為它甘願奉獻出自己，讓我們脫身。不論我們是否會感激、重賞它們，都甘之如飴。這一點是抹布、手帕所比不上的，像那時身陷於困境、動彈不得的我，絕對不會用我的上衣來讓我脫身，因為我深知它們沒有像衛生紙那樣甘心被棄置於噁心、臭氣飄散的垃圾桶中的氣度。若是沒有衛生紙，我們便不得有一塊清新怡人之地；若是沒有衛生紙，疾病們一定會從貧窮落後之地爬到文明的都市中；若是沒有衛生紙，我們的社會必不可能和諧、喜樂。衛生紙啊！真是一項影響生活的發明呢！

上文共分四段，每段都有段旨，可謂段落分明。底下以心智圖表展開，更為清楚可見。

作者以「衛生紙」為主題，而主題就是主架構。第一段沒有提及「衛生紙」三字，是作者匠心獨具的設計，目的是要引出第二段首句的「衛生紙就是屬於這種發明」。此句一出現，就變成首段發問，第二段回答了。一問一答下，兩段就融為一體而關係密切了。段和段之間「關係密切」，叫做「組織結構嚴密」。

第三段是「轉」，將衛生紙的「微不足道」，藉由如廁急事，轉為「舉足輕重」；第四段由第三段的「舉足輕重」，體會出衛生紙的偉大，三、四段也是關係密切。

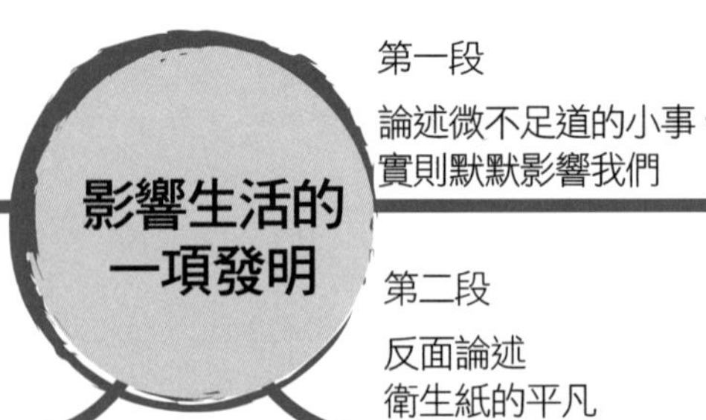

▲〈影響生活的一項發明〉一文結構心智圖

結論：「組織結構完整」就是各段都要扣住主題發揮，且段與段之間要有關係。

組織結構要達到完整的境界不是件容易的事，訓練方法是從布局著手，日後看到寫作題目時，同學不要急著下筆，可先構思各段大意。

以寫作題目〈一份好禮物〉為例，很多同學可能會寫好禮物是「手機」，接著會有這樣的聯想→手機在日本購買的→暑假時前往日本，寫著寫著，H7N9流感一發作，頭腦發熱下，就寫成「日本遊記」了，這已嚴重偏離「一份好禮物」，毫無組織結構可言。

同學若能先擬出各段大意，段旨既能明確，又可扣緊主題發揮，可謂一舉兩得。請看範例：

〈一份好禮物〉各段大意

第一段：對好禮物的看法——禮輕情意重。

第二段：明確寫出我的好禮物，並敘述獲得經過。

第三段：說明它為什麼是我的好禮物。

第四段：日後我也要送出好禮物。

再示範底下另一則寫作題目〈夏天最棒的享受〉。

〈夏天最棒的享受〉各段大意

第一段：我對夏天的看法——優點和缺點。

第二段：家人在夏天的享受。

第三段：明確寫出我在夏天時最棒的享受，為什麼？過程如何？

第四段：我要繼續享受下去，並推荐給別人。

小試身手 1

參考上述範例後，請以〈影響生活的一項發明〉為題，擬定各段大意。

參考答案

第一段：我對發明的看法。

第二段：介紹幾種發明，並選定影響生活的一項發明。

第三段：寫出理由，它如何影響生活？

第四段：期許我也能成為發明家。

正確運用連接詞

此外，結構組織還包含正確運用「連接詞」。「因為菲律賓不正式向臺灣道歉，終於引發抵制效應」，「終於」要改成「所以」；「每當同學受到霸凌時，要不要挺身而出，果然讓我為難」，「果然」要改成「總是」。

「因為不道歉，所以懲罰它」，「因為」和「所以」是一對；「不斷抗議，終於有回應」，「不斷」和「終於」是一對；「每當捕魚，總是提心吊膽」，「每當」和「總是」是一對；「一出手，果然就駭入該國網站」，「一……」和「果然」是一對，正確運用這些「配套」的連接詞，有助於句和句的組織結構。

小試身手 2

請將適當的連接詞填入底下＿＿處。

1. 雖然臺灣政府下了最後通牒，該國＿＿不理不睬。
2. 網友：與其痴痴等待該國回應，＿＿直接開戰。

參考答案

1. 還是、依然、仍舊
2. 不如

組織結構的訓練並非一次或短暫時間即能有成，它得一再練習，步步為營，日積月累才能熟能生巧，才能寫出一篇組織結構有特色的好文章。希望同學日後好好在這方面下功夫。

第3回 遣詞造句 裝潢才能吸睛

這一回要討論的是會考四大評分規準的「遣詞造句」。遣詞造句就是文采，也就是運用優美的詞語來敘述事情或表達情感。六級分作品在遣詞造句上有甚麼特色呢？這得從「遣詞」和「造句」兩方面來講。

在講授之前，先來欣賞一篇教育部六級分範文。

二〇一三年會考模擬試題

〈一股撼動人心的力量〉

說明：

當我國運動員在國際賽事中奮戰不懈，當救難隊在磚瓦中找到震災生還者，當親臨太魯閣見識到大自然的鬼斧神工……，我們總會感受到事物背後一股強烈的力量，因而深受震撼。你曾在什麼樣的事件中，感受到那股撼動人心的力量？請寫出那股震撼你的力量，並說明感受或想法。

參考範文

腦海中清楚記得那個畫面，如熱鐵烙膚，深刻難忘。它就像暖流般，悄悄流過我心，卻讓整個人溫暖，為之震撼，難以抹去……。

在一次朝會時，校長在臺上介紹一位有視覺障礙的同學上臺。看著他拄著拐杖，一步步緩緩地走上臺，一旁還需有一位同學幫助。我心裡想著：若我是他，我可能會因此而自卑。但我注意他的一舉一動，沒有發現害臊、自卑，站在臺前的他看起來好有精神、好有自信，抬頭挺胸、無所畏懼。經校長的介紹後，更讓我為之震撼的是那位同學，日常生活許多事都能獨立去面對、挑戰，甚至參加許多演講比賽，和正常人無不一樣。

看著這位有先天障礙的同學，突然有種當頭棒喝般，把我這夢中人敲醒。心裡不禁冒出許多問號，四肢健全的我們，很在乎別人對我們外在的評價，而變得沒有自信。相較之下，突然覺得此種行為很愚昧，一個人的外在並不代表一個人，不是嗎？從那位同學身上散發出自信的光芒，就足以讓人感到震懾！回過頭，發現自己仍有地方需檢討改進。有視障的人，對於所看到的世界，是如此的黑暗、無光彩。而我如此幸運又幸福，應該好好把握，用「心」去看世界，將美麗的事物盡收眼底。將雙眼化作照相機，探索世界的美。總而言之，我實在不應該去抱怨，因為我比他人幸運太多了……。

這股撼動人心的力量，雖然不是大自然的鬼斧神工，或是天崩地裂的災害那種雄偉壯闊的事件。但仔細體會，便能發現日常周遭的小事件，其實只要細細咀嚼，總有令人震撼的力量！

滿級分這樣寫

遣詞有文采

遣詞：添加修飾詞。

「文采煥然」是六級分作品的特色。以〈一股撼動人心的力量〉範文的末段為例——

這股震撼人心的力量，雖然不是大自然的鬼斧神工或是天崩地裂的災害那種雄偉壯闊的事件……。

作者以「天崩地裂」修飾「災害」，以「雄偉壯闊」修飾「事件」。「災害」和「事件」都是名詞，前面各添加修飾詞「天崩地裂」和「雄偉壯闊」，可讓文章更具深度。如果少了兩處修飾詞，文章就會嚴重「掉漆」，變成——

這股震撼人心的力量，雖然不是大自然的鬼斧神工或災害那種事件……。

這樣的文章索然無味，只會引人入「睡」。所以，日後同學在行文時，盡可能在名詞前添加修飾詞。寫到頭髮，前面可添加「烏黑」；寫到眼睛，前面可添加「深邃」，寫到道路，前面可添加「筆直」，只要稍微留意，就可輕易達到文采煥然。

小試身手 1

請在＿＿＿內添加二個字的修飾詞：

1. ＿＿＿的老人
2. ＿＿＿的大樓
3. ＿＿＿的大海

參考答案

1. 虛弱、遲鈍、呆滯
2. 雄偉、氣派、摩登
3. 湛藍、多變、茫茫

成語是更進一層級的修飾，在〈一股撼動人心的力量〉文中，就以成語「天崩地裂」修飾「災害」的程度。

雖然「天崩地裂的災害」和「很大的災害」都是指嚴重的災害，文采卻是高下立判。同樣地，咖哩飯好吃到令人「吮指回味」就是勝過「好吃到不行」、「好吃死了」。劉謙的魔術表演令人「瞠目結舌」就是比「令人傻眼」、「很有料」更有文采和深度。

小試身手 2

請在＿＿＿＿內添加四字成語：

1. ＿＿＿＿的老人
2. ＿＿＿＿的大樓
3. ＿＿＿＿的大海

參考答案

1. 奄奄一息、神采奕奕
2. 高入雲霄、岌岌可危
3. 變化莫測、一望無垠

級分遣詞參考表

級分	遣詞	評語
四級分	爆炸案現場很多人在慘叫，好像是處在可怕的地獄。	慘叫、可怕，都是較通俗的詞語。
五級分	爆炸案現場呻吟聲不斷，就像是殺戮戰場。	呻吟聲、殺戮戰場，已有文采。
六級分	爆炸案現場鬼哭神號，猶如人間煉獄。	運用兩個成語，且文句最為精簡。

造句有變化

造句：結合修辭法。

國中語文常識單元曾教授「有無句」、「是非句」、「判斷句」、「表態句」四大句型，然而，一篇文章如果只出現這四種句型，未免過於單調乏味。那麼，如何讓造句豐富有變化呢？建議和修辭法結合，請看〈一股撼動人心的力量〉六級分範文的首段——

腦海中清楚記得那個畫面，如熱鐵烙膚，深刻難忘。它就像暖流般，悄悄流過我心，卻讓整個人溫暖，為之震撼，難以抹去。

作者用了兩個修辭句型，分別是「如熱鐵烙膚」、「它就像暖流般」的譬喻句型，和「悄悄流過我心，卻讓整個人溫暖」的映襯句型。國中教材朱自清名文〈匆匆〉，則以排比句型出現——

燕子去了，有再來的時候；楊柳枯了，有再青的時候；桃花謝了，有再開的時候。但是聰明的，你告訴我，我們的日子為什麼一去不復返呢？

排比句型常以分號（；）出現，它是寫作比賽中的常客。「燕子去了，有再來的時候」，短短兩句就寫出一件事情。排比法觸角深廣，是最有氣勢的句型。

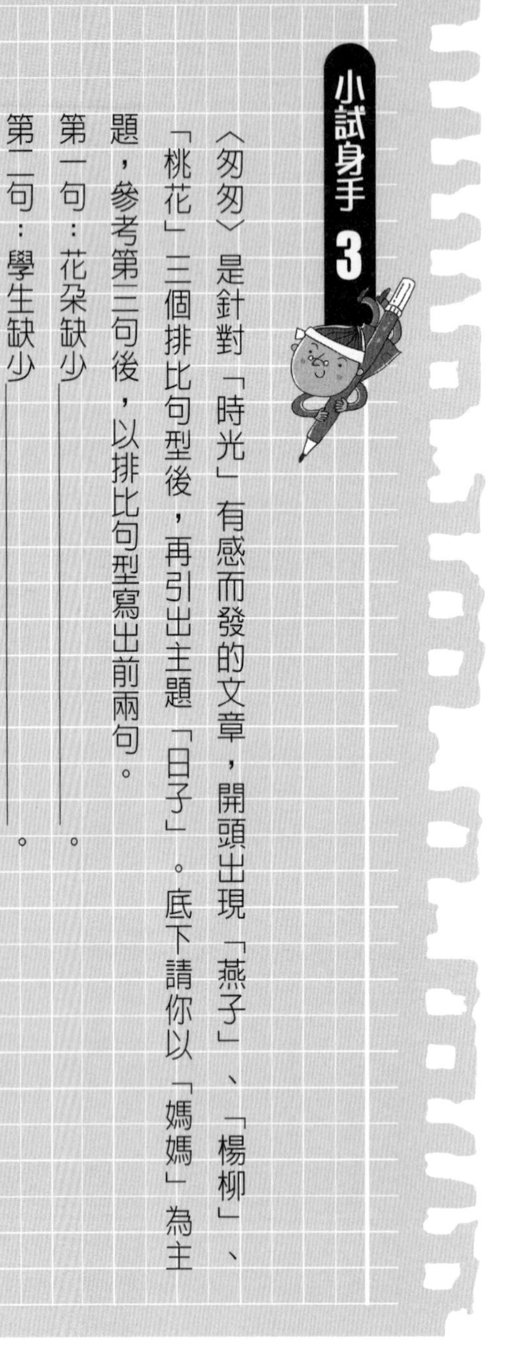

小試身手 3

〈匆匆〉是針對「時光」有感而發的文章，開頭出現「燕子」、「楊柳」、「桃花」三個排比句型後，再引出主題「日子」。底下請你以「媽媽」為主題，參考第三句後，以排比句型寫出前兩句。

第一句：花朵缺少＿＿＿＿。

第二句：學生缺少＿＿＿＿。

第三句：兒女缺少媽媽的關愛，就會迷惘無助。

參考答案

第一句：花朵缺少陽光的照射，就會枯萎凋零。

第二句：學生缺少老師的教導，就會失去方向。

第三句：兒女缺少媽媽的關愛，就會迷惘無助。

除以上的譬喻、排比外，還有呼告、設問、誇飾、引用、類疊、摹寫……，皆可多加運用，讓文句更有變化。

級分造句參考表

級分	造句	評語
四級分	我知道姊姊嘴小籠包很有名，我就馬上去買一個，我咬下第一口，呵呵！我只能用人間美味形容。	連續四個「我」字，句型過於單調。
六級分	姊姊嘴小籠包名聞遐邇，當我咬下第一口，湯汁猶如黃河氾濫，一發不可收拾。神啊！我終於知道甚麼是人間極品了。	「湯汁猶如黃河氾濫」是譬喻兼味覺摹寫句型。「神啊！我終於……」是呼告句型。句型豐富多變。

遣詞造句是文章的裝潢工程，裝潢才能美化，美化才能吸睛。「遣詞有文采，造句有變化」，這是寫作達人的本色。同學日後行文，可根據本文所言，多加運用練習。

格式、標點符號和錯別字

小螺絲立大功

這一回要探討的是會考寫作評分四大規準中「格式、標點符號和錯別字」。它在文章中不是舉足輕重的鋼骨大梁，而是小螺絲。然而，高樓大廈少了小螺絲就容易鬆動，隨時有傾倒的可能。

和前三回擲地有聲的評分規準相較，「格式、標點符號和錯別字」的分量顯得薄弱，但它卻是最簡易就能判斷是否合乎標準，也就是「對就對，錯就錯，沒有模糊空間」。抄寫題目前空四格，每段行文前空兩格，文章最少三段，以四段為佳，這些是最基本的格式要求，標準非常具體，大多數同學也都能符合。所以底下就針對同學較弱的「標點符號」和「錯別字」探討說明。我們以下一頁六級分作品為例——

〈常常，我想起那雙手〉二〇〇九年基測試題

說明：

在成長過程中，或許有那麼一雙手，常常出現在你腦海。它可能是親人的手、老師的手，是農夫、畫家的手；也可能是乞求的手、掙扎的手，是撫慰、指引的手……。每當你想起那雙手，心中就充滿感觸。請寫出那雙你常常想起的手，以及它帶給你的感受、影響或啟發。

參考範文

已經好幾年，沒有一顆淚從我眼裡滑出。因為我知道，無論發生什麼事，爸爸那雙寬厚的大掌都會在背後支撐著我。

小學時，在某個大雨傾瀉的夜晚，一個酒醉的機車騎士代替死神，將媽媽的生命索了去。接到消息的爸爸在原地佇立了片刻，突然將電話使勁往地上摔，接著拖了毫無頭

緒的我往醫院疾馳。機車飛快地飆著，雨滴則順勢打在我的身上，微微的刺痛加上心的冷，好像在為接下來的悲傷拉開序幕。到了醫院，隱隱的不安飄忽在空中，直到看到白布的那刻，不安才似利刃般刺向全身。掀開白布時，我失去了感覺，腦中一片虛無的白。突然手上傳來一股暖意，略帶粗糙地磨蹭著我的手。抬頭一看，不久前還意氣風發的爸爸，好像瞬間老了好多歲。他的手握著我的手，雖然是暖的，但無法掩飾那輕微的顫抖。我們父女倆對視了好久，最後爸爸打破沉默。「不用難過，爸爸一輩子都會守護著你。」那刻，我的眼淚才流了出來，像無法收復的山洪，滿溢整張臉。

每天接送我上學，夏天時被汗水濡溼，冬天時又被低溫凍得紫紅的手；炒菜時賣力揮動鍋鏟的手；怕我走失，人潮洶湧時緊抓住我的手；在我難過失意時，用來擁住我的手；在我快樂得意時，輕撫我頭的手；在我疲累不已時，替我按摩的手；不捨我勞累，總搶著替我提重物的手……全都是爸爸的。

自從媽媽去世的那天後，我便不再哭了。因為有爸爸當我的依靠，那雙溫暖厚實、帶點粗繭的大掌，是我安心的泉源。我一直努力讀書，想靠自己的力量賺錢，原因只有一個：我希望在不久的將來，可以握住爸爸的手，對他說：「爸爸，現在換我守護你了！」

正確運用多種標點符號，讓文意表達更加清楚，是六級分作品的特色。這篇感人的文章就是，它以逗號（，）和句號（。）為主，並穿插分號（；）、引號（「」）、冒號（：）、驚嘆號（！）和刪節號（……），讓文意更為清晰。若是三級分以下的作品，則常見「一逗到底」的現象，讀之乏味。標點符號雖然沒有意思，卻能幫助文意的表達，運用得好，文思可以傳達得更精準。

要留意的是，一個空格只能有一種標點符號，不能兩種並存。如「今晚要一起吃飯?!」句末的?和!只能選擇其一。此外，刪節號每格三點，兩格共六點。至於※&@等電腦符號，萬不可寫入正式文章。

級分標點符號運用表

級分	標點符號運用情形
四級分以下	幾乎一逗到底，只有逗點和句點，甚至不太會用句點。
五級分	除句號、逗號外。還能有一點「?」、「!」、「;」的應用。
六級分	出現「，」、「。」、「?」、「!」、「;」、「——」、「……」等多種符號，且能正確應用。

小試身手 1

請將正確的標點符號填入＿＿＿內：

菲律賓公務船槍殺臺灣漁民，臺灣群情激憤。有人建議以駭客入侵菲國網路，癱瘓該國的電訊＿＿＿有人建議臺灣派出軍艦固定航行海域，作為臺灣漁民的後盾；有人＿＿＿。百花齊放的建議，令人目不暇給。

參考答案

菲律賓公務船槍殺臺灣漁民，臺灣群情激憤。有人建議以駭客入侵菲國網路，癱瘓該國的電訊；有人建議臺灣派出軍艦固定航行海域，作為臺灣漁民的後盾；有人……。百花齊放的建議，令人目不暇給。

除錯務盡　錯別字影響寫作品質

六級分作品的特色是幾乎沒有錯別字，「幾乎沒有」不是「絕對沒有」，而是「少之又少」的意思，也就是六級分容許微不足道的小錯誤。文章之給分乃全面考量，只要夠水準，即使出現一、兩個錯別字，照樣可得六級分。

級分只有六等級，不可能一個錯別字就扣一級分。那麼，錯幾個字才會扣一級分呢？這沒有答案。因為有些錯別字會重複出現，如「成績」誤寫成「成積」，很可能布滿文章中。更何況錯別字有輕重之分，如細膩的「膩」，少寫一點或多了一撇，因為該字筆畫多，似乎還可原諒。若是「應該」誤

各級分錯別字出現情形

級分	錯別字出現率
六級分	幾乎沒有錯別字
五級分	錯別字甚少，且並不影響文意表達
四級分	有些錯別字，但仍可理解文意
三級分	有些錯別字，且造成理解困難
二級分	錯別字頗多
一級分	錯別字極多

寫「因該」，那就非常不應該了。所以，錯別字無法量化來定級分的高低。我們只能說，錯別字過多會影響寫作品質。除惡務盡，除「錯」也是，錯別字臭蟲滅絕，級分提升的機會才會變大。

在〈常常，我想起那雙手〉一文中，找不到任何錯別字，這就是六級分作品的高水準表現。

小試身手 2

底下每句有兩個錯別字，請將它改正。

1. 我們不只是老闆和員工的關係而以，三十年來禍福相處，早已是吻頸之交了。
2. 看到張奶奶還不會電腦上鋼，我就生出手來幫助她。

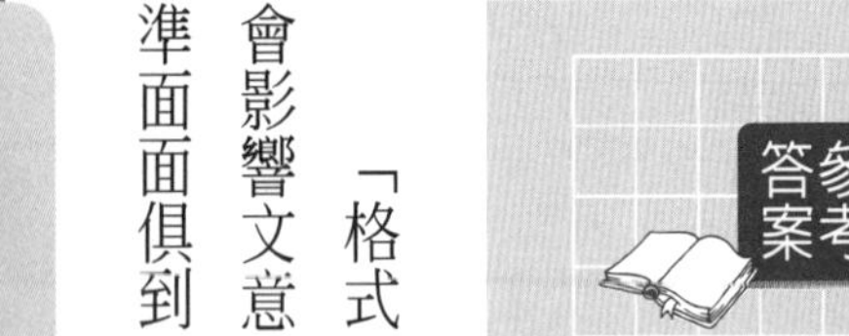

參考答案

1. 我們不只是老闆和員工的關係而已，三十年來禍福相處，早已是刎頸之交了。
2. 看到張奶奶還不會電腦上網，我就伸出手來幫助她。

「格式、標點符號和錯別字」在級分評比時，雖然只是輔助小配角，出錯時，通常也不會影響文意，但是它一有錯就明顯可見，很容易就能吸引評審老師的注目。滿級分作品的水準面面俱到，在「格式、標點符號和錯別字」的表現也是。

不只作文，錯別字更是國文科試題的常客。

小試身手 3

下列文字，哪一句沒有錯別字？（二〇一三年基測試題）

1. 她不繼前嫌地推舉人才，展現寬大雍容的氣度。

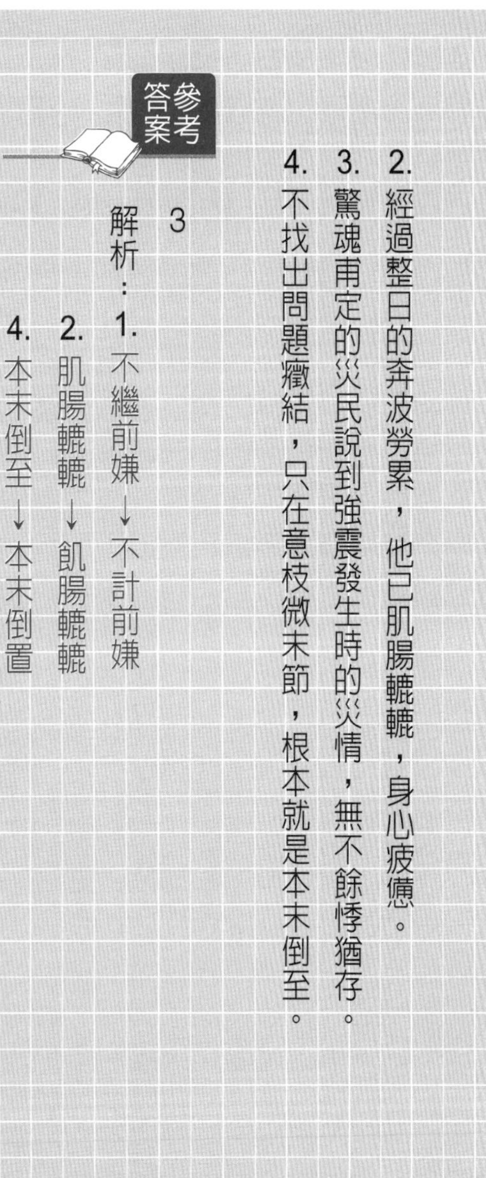

2. 經過整日的奔波勞累，他已肌腸轆轆，身心疲憊。

3. 驚魂甫定的災民說到強震發生時的災情，無不餘悸猶存。

4. 不找出問題癥結，只在意枝微末節，根本就是本末倒至。

參考答案

3

解析：

1. 不繼前嫌→不計前嫌
2. 肌腸轆轆→飢腸轆轆
4. 本末倒至→本末倒置

學生寫作常見錯別字舉例

錯誤	正確
成積	成績
因該	應該
而以	而已
無法自己	無法自已
一副畫	一幅畫
浪廢	浪費
退色	褪色

有趣的錯別字

錯別字	正確
我們班去歷史博物館參觀冰馬俑。	兵馬俑
起床整裡遺容後，我就到校集合，和同學前往西門町。	整理儀容
報上說重金屬汙染過的牡蠣，可治癌。	致癌
我認為自己是個品學兼憂的好學生	品學兼優
我是家裡的觸生女	獨生女
爸媽很辛苦，我要照顧他們的下半身	下半生
天下沒有白癡的午餐	白吃
老師勉勵我們要做胸懷大痔的人	胸懷大志

字的正確性有爭議時，請以教育部國語辭典網站為標準，它是官網，具有公信力。遇到古今用字不同時，教育部通常採取寬鬆政策，也就是兩者皆可。

教育部網站通同字舉例

編號	舉例
1	阿、啊（置於句尾）
2	好景不常、好景不長
3	紀錄、記錄
4	偶而、偶爾
5	關聯、關連
6	盡量、儘量
7	預定、預訂
8	徹底、澈底
9	了解、瞭解
10	消夜、宵夜
11	古蹟、古跡
12	周遭、週遭
13	名副其實、名符其實
14	凸顯、突顯
15	香菸、香煙
16	滿好、蠻好

第5回 成語典故
展現博學多聞

成語運用是遣詞造句功力的表現，流暢的白話當然可以表達情感，但比起一篇成語運用巧妙的文章，還是少了文采，略遜一籌。成語運用巧妙，會讓人感到這是一篇有深度、有內涵的文章。

請看下一頁這篇文采煥然的〈來不及〉六級分範文。

〈來不及〉二〇一三年基測試題

說明：

生活中有各種來不及的狀況：來不及參加朋友聚會、來不及趕赴一場比賽、來不及說謝謝、來不及阻止紛爭、來不及救援……。這些來不及的事，可能造成遺憾，但也可能帶來意想不到的結果。請以你的經驗或見聞為例，寫下你的感受或想法。

參考範文

過站的公車、遭遇洪喬之誤的信箋、荒漠中遲來的甘霖……來不及打好勾的行程表，在命運之神的戲弄下布滿了汙點。然而誰知道祂詭譎又美妙的手，瞞著時間的銳利目光，在後頭設下的美麗驚喜。

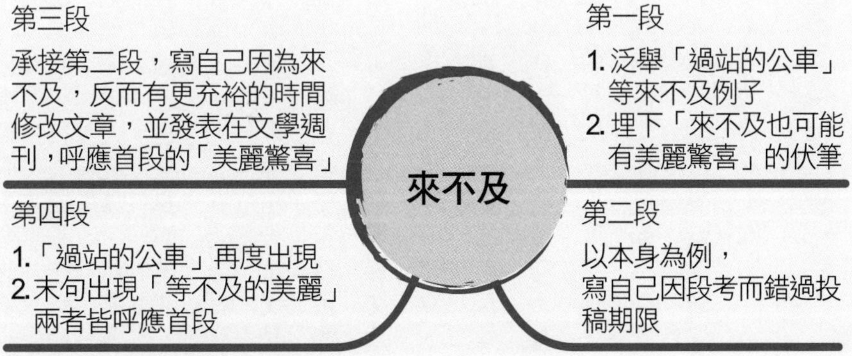

第一段
1. 泛舉「過站的公車」等來不及例子
2. 埋下「來不及也可能有美麗驚喜」的伏筆

第二段
以本身為例，寫自己因段考而錯過投稿期限

第三段
承接第二段，寫自己因為來不及，反而有更充裕的時間修改文章，並發表在文學週刊，呼應首段的「美麗驚喜」

第四段
1.「過站的公車」再度出現
2. 末句出現「等不及的美麗」兩者皆呼應首段

來不及

▲〈來不及〉一文結構心智圖

我是個粗心大意的人，生活無法走得平順，總是跌跌撞撞地去探索生命的軌道，卻也因此常激出奇妙的火花。九年級繁重的課業裡，熱愛胡思亂想、行文天馬行空的我，仍對詩報週刊充滿嚮往，幻想著有一天我的墨跡也會烙在上頭，供人玩味。然而當我苦苦構思成一篇小說，正準備投遞文學週刊時，遭逢段考，我的心思也被拉回現實。啊！考完試，我驀地想起那篇遺忘的故事，想要投稿，期限上的數字卻無聲無息溜過了終點。

悵悵的我望著機會奔馳而去的背影，不禁捶胸頓足地嘆息著。等等！天下文學獎多得是，何必喟嘆一次來不及的失誤呢？日子一天天的逝去，生命裡無數繁花待被摘取，一個失足抵達的深淵，何必哭泣，還有滿天星斗照拂我的路呢！於是我把那篇文章的逐字逐句再細細撿選成字字珠璣的亮麗詞藻；我刪去不足，補足美麗殘餘的缺口。不久後，我不意外地看見我的心血閃閃發光的羅列在文學週刊上，那一撇一劃，都閃爍著命運之神所給予我的奇妙的保障——其實我們從未失去，從未錯過，只是擁有著太短淺的目光。誰說這世上有來不及而無法挽回的痛苦？只是，那飛翔的可能被現實鏈住了吧！

山上的桃花四月開，在微寒間迸發一朵朵大地重回的緋紅面色：那感動、香氣，更勝早早開謝而無經醞釀的世俗之花。過站的公車，載著你到看不見的終點站；流浪的書信帶著一絲絲時光斑駁的情思。沒有來不及的憾恨，只有等不及的美麗！

這篇以「投稿」為主題的文章，多次被各家媒體或學校老師引用，已經成了經典名文。短短五十分鐘能寫出這樣超水準的作品，讓人忍不住驚呼：「又一天上謫仙也。」

本文的優點舉目皆是，如遣詞造句、組織結構、立意取材等，都有超高水準的演出，而這裡要探討的是第一段的「洪喬之誤」，也就是「成語典故」的運用。

語文常識讀一讀

「洪喬之誤」典故由來

洪喬是晉代一位個性高傲的獨行俠。有次，奉命到外地出差，鄰人得知，紛紛託他代為送信。洪喬走到橋上，竟然將一百多封的書信丟入河內，嘴巴還碎碎唸：「要沉要浮，隨你們高興啦！我又不是郵差，關我啥事？」從此，成語「洪喬之誤」就用來比喻「書信寄失」。

「洪喬之誤」並不是一個耳熟能詳的成語，它有點冷僻，恐怕多數人連聽都沒有聽過，作者卻將它寫入文章第一行。第一行就出現這樣的成語，會讓讀者的眼睛聚焦在這四字，繼而感嘆自己才疏學淺。看來，運用罕見成語，既能吸睛，又能展現學問。

大多數的成語都有典故，一個成語常常是由一個故事濃縮而來。如以名句「黯然銷魂者，唯別而已矣」而名動天下的江淹，他年輕時才思敏捷，眾人推崇他是第一資優生。晚年時，夢見上帝向他索回專門寫出驚世絕文的「百變五色筆」，自此江淹再也無法寫出六級分作品。這個故事後來濃縮為成語「江郎才盡」，比喻文思枯竭減退。寫作時，若能適時引入成語，就能增添文章的深度。

小試身手 1

請將單刀直入、氣若游絲、真相大白、鐵證如山四個成語，填入底下短文：

學生于仁捷在作文簿上寫著：「爺爺去世了，我要奶奶唸書。」老師感到奇怪，納悶著：「難道要奶奶唸書，是爺爺＿＿A＿＿時的遺言嗎？」老師納悶了好幾天，為了解開疑惑，這天，老師＿＿B＿＿的向于仁捷打探：「為什麼你要奶奶唸書？」于仁捷說：「我哪有？」老師拿出作文，說：「＿＿C＿＿，你還敢狡賴？」于仁捷一看，笑著說：「老師，那是錯別字啦！我將『要好好唸書』，誤寫成『要奶奶唸書』啦！」「我咧！」＿＿D＿＿，水落石出，老師一臉無助地說：「于仁捷，你是天天在過愚人節嗎？」

參考答案

A 氣若游絲：呼吸微弱，將要斷氣的樣子。

B 單刀直入：直截了當的論及問題的核心。

C 鐵證如山：證據確鑿，就像山一樣不能動搖。

D 真相大白：真實的情況已完全明白。

滿級分這樣寫

罕見成語故事　行文絕佳題材

比較冷僻的成語故事，很適合拿來當作例子。先在文章中敘述故事，最後再寫出這故事濃縮的成語。如寫作主題是「習慣」，就可舉底下故事——

以「鋤禾日當午，汗滴禾下土；誰知盤中飧，粒粒皆辛苦」一詩名動天下的唐代詩人李紳，他當「司空」高官時，曾經邀請好友「蘇州刺史」劉禹錫前來乾一杯，又命令歌妓在旁陪酒表演助興，向來節儉又潔身自愛的劉禹錫寫了一首詩給李紳，詩中有「司空見慣渾閒事，斷盡蘇州刺史腸」一句，諷刺李紳已經習慣這種醉生夢死的溫柔鄉，真讓我大失所望。這就是成語「司空見慣」故事的由來。的確，習慣一旦養成，不管好壞都會渾然不覺而習以為常。

將罕見的成語故事寫入文章，一可吸引讀者看下去，二可展現自己的博學，三可擴大篇幅，可謂一舉三得。同學若有心效法，就要用心背誦成語故事。

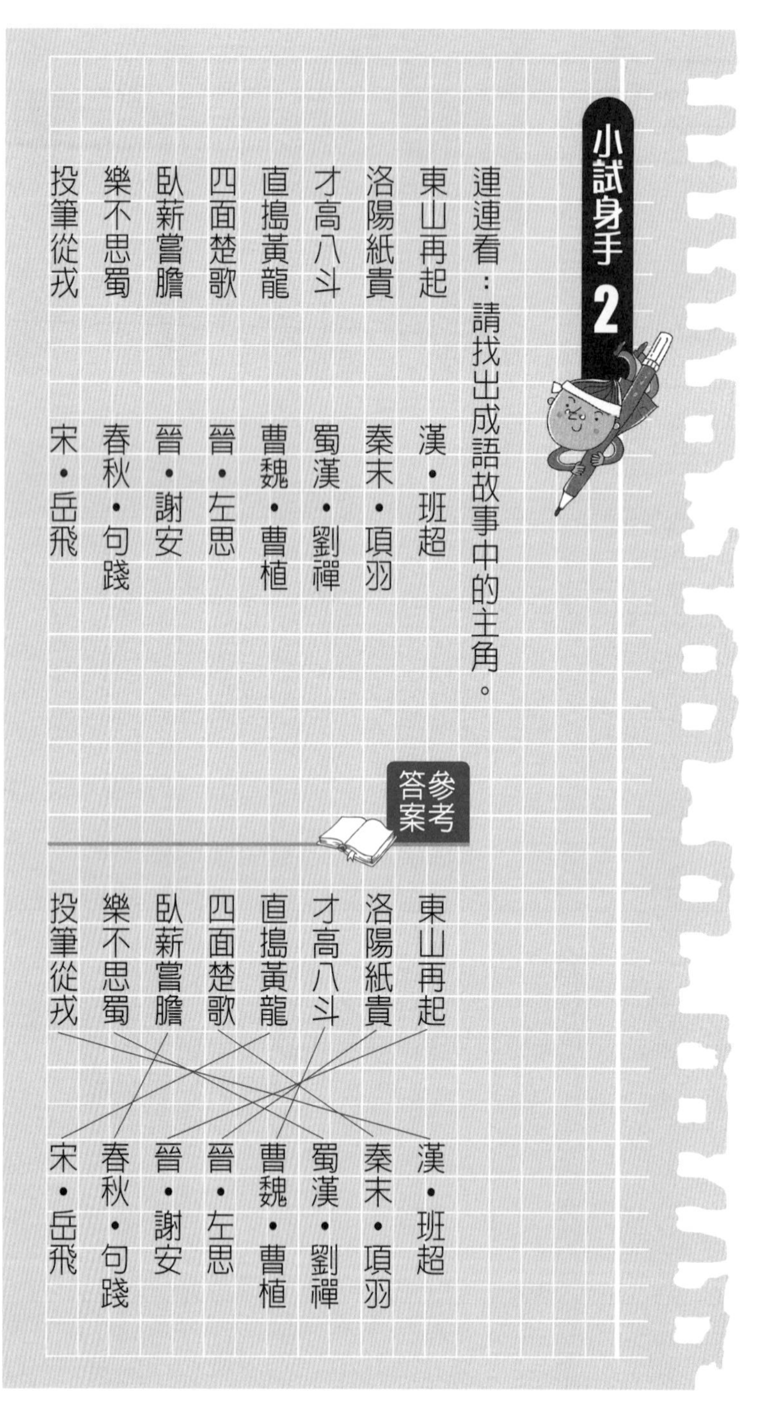

罕見的成語，可將故事寫入文章；而眾人皆知的成語，將四字成語寫入文句即可。如：

1. 做人要憑真本事，狐假虎威四處行騙的人，總有被拆穿的一天。
2. 老天爺不會平白無故，將禮物送給那些守株待兔的人。

「狐假虎威」和「守株待兔」都是大眾化成語，兩個成語的來龍去脈連小學生都可侃侃而談。這種初級成語如果再長篇敘述故事，就過於拖泥帶水了。

小試身手 3

請將成語填入＿＿＿＿內，讓文句語意通順。

1. 那位校花有著＿＿＿＿的姿色，追求她的男孩子有如過江之鯽。
2. 他才會講兩句日文，就宣稱自己是日本達人，簡直是＿＿＿＿。

參考答案

1. 國色天香、沉魚落雁、閉月羞花
2. 信口雌黃、信口開河、招搖撞騙

教育部有〈成語典〉網站，它對每個成語都有詳盡的解說，同學若有成語爭議問題，可以此網站為標準。

此外，一些曝光率高的成語，常常用來當作店名招牌。為了符合販售物品，大多以同音字的形式出現，如販賣女孩飾品的商店叫「有戒有環」，就是從「有借有還」更改而來。這種有意思又朗朗上口的創意店名，充斥著街頭，同學在會心一笑之餘，仍要分辨它的正確性，以免寫作時以訛傳訛。

小試身手 4

參考範例後，請填入販賣物品和正確成語。

	店名成語	販賣物品	正確成語
範例	日理萬雞	雞肉	日理萬機
1	順水推粥		
2	麵麵俱到		
3	改鞋歸正		
4	神乎奇機		
5	啡比尋常		

	店名成語	販賣物品	正確成語
範例	日理萬雞	雞肉	日理萬機
6	名羊四海		
7	衣乾二淨		
8	大軍鴨境		
9	冰臨城下		
10	富貴有魚		

參考答案

	店名成語	販賣物品	正確成語
1	順水推粥	稀飯	順水推舟
2	麵麵俱到	麵食	面面俱到
3	改鞋歸正	修鞋	改邪歸正
4	神乎奇機	手機	神乎其技
5	啡比尋常	咖啡	非比尋常

	店名成語	販賣物品	正確成語
6	名羊四海	羊肉	名揚四海
7	衣乾二淨	洗衣	一乾二淨
8	大軍鴨境	鴨肉	大軍壓境
9	冰臨城下	冰品	兵臨城下
10	富貴有魚	魚產	富貴有餘

成語運用是寫作功力更深一層的表現，要達到這樣的境界，有賴於平日的準備功夫。那麼，要如何準備呢？若是考試迫在眼前，一切以高效率為訴求，當然就要取來成語專書，密集又有系統地背誦。若是沒有時間壓力，日常偶爾遇到，偶爾背誦即可。但是，光是背誦，光是知道成語意義還不夠，還要知道如何運用，特別是有些成語的使用對象有特殊性，例如「罄竹難書」從字面上解釋，是指「把所有竹子做成竹簡，也難以寫盡」，但只能用在「惡行罪狀」，不能用在「豐功偉業」；又如成語「憐香惜玉」，比喻愛憐，只能用在女性，不能寫成「學長對新進的學弟憐香惜玉，照顧有加。」

回頭再看看〈來不及〉這篇六級分作品，除了「洪喬之誤」外，還有「天馬行空」、「捶胸頓足」、「字字珠璣」等成語，就不難理解它為何能夠得到評審老師的青睞和專家們的讚嘆了。

名言引用 文章更具說服力

「不識廬山真面目，只緣身在此山中」、「站在巨人的肩膀，可以看得更遠」，前句名言語出宋代文豪蘇東坡，表示「當局者迷」；後句是英國科學家牛頓的名言，揭示「感恩謙虛」的道理。

名言在文章中有三大作用，一為吸睛：名言都是富有人生哲理，千錘百鍊的優美句子。二為提升文章說服力：藉出名人名言，印證自己的觀點。三為展現學問：寫出名言內容和出處，博學又學以致用。下一頁就以〈我從同學身上學到的事〉六級分範文，探討名言引用。

〈我從同學身上學到的事〉

二〇〇七年基測試題

說明：

在我們求學的過程中，曾遇見許多同學。每個同學都有各自的特點，從他們身上，我們可以學到一些事，因而影響了自己的想法或行為。請就你的經驗、感受或想法，寫出從同學身上所學到的事。

範文參考

唐太宗曾說：「以銅為鏡，可以正衣冠；以人為鏡，可以明得失。」每個人身上，都有一些東西值得去學習，只要用心觀察，人人都會是一門學問。

從小到大，我們的眼中，只有成績優秀的同學，

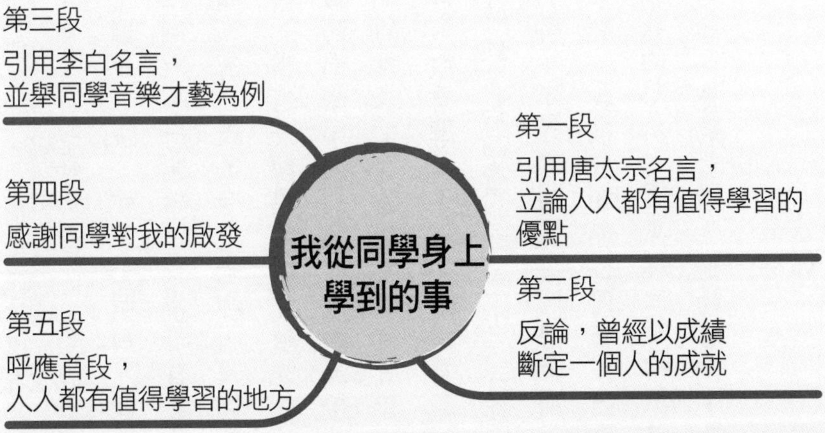

我從同學身上學到的事

第一段
引用唐太宗名言，
立論人人都有值得學習的優點

第二段
反論，曾經以成績
斷定一個人的成就

第三段
引用李白名言，
並舉同學音樂才藝為例

第四段
感謝同學對我的啟發

第五段
呼應首段，
人人都有值得學習的地方

▲〈我從同學身上學到的事〉一文結構心智圖

滿分的光環下，我們以為那是人生中最亮麗的色彩。但我們卻忘了，周遭或許還有些人，散發著不同顏色的光芒，只是在我們狹隘的目光中，看不見它的存在。

李白曾說：「天生我才必有用」這句話，直到我上國中以後，才完全明白。我遇見一位同學，他對於他的課業十分用心，卻始終排在班上倒數，一開始，我常暗自笑他的愚蠢，那時候，我空洞的想法中，只容得下名次和成績。有一天，音樂老師叫我們表演一項才藝，每個人都覺得十分懊惱，因為每天都在唸書，哪有一項特殊的才藝呢？那時才驚覺自己的不足。但令我更驚訝的是，那位成績不好的同學，對於鋼琴卻如此擅長。看著他，對於每個音符的執著；看著他，對於每篇樂章的投入；看著他，如何用音樂，捕捉我們的心靈。慚愧，理直氣壯的占據我的心，簡直要將我窒息。

從那時開始，我改變了自己的想法，在看一個人的時候，如品嚐一杯咖啡，有些人，苦中帶酸，卻少不了那份香醇；有些人，淡淡而無味，卻少不了那份清馨。每位同學都有自己的特色；每一位同學都是一門可以充實知識的學問。我很感謝那位同學，因為我在他身上，品嚐了一份藝文饗宴，也因為他的音樂，讓我的想法，有更深一層的啟發。

大地皆山水，人人皆文章，只要你用心去讀他的句讀、他的哲理、他的壯闊，你將會在每個人身上發現許多奧妙的事物。

本文以「以銅為鏡，可以正衣冠；以人為鏡，可以明得失」為起頭。這是唐太宗的名言，因為是文言文，一般學生只感到面熟，作者不只面熟，而且還背了下來，不僅背了下來，還能學以致用。筆者閱過無數國中生作文，大多是我手寫我口，本文作者能適切地引用古人名言，實在值得嘉許。

語文常識讀一讀

唐太宗三鏡

唐太宗李世民是位能接納下屬建言、有肚量的賢君，勸諫的大臣中，以魏徵最敢放炮，他常常不留情面地批評唐太宗。魏徵病逝，太宗親臨弔唁，痛哭失聲，說：「夫以銅為鏡，可以正衣冠；以古為鏡，可以知興替；以人為鏡，可以知得失。我常保此三鏡，以防己過。今魏徵殂逝，遂亡一鏡矣。」

第三段又以「天生我才必有用」開頭，這是李白的名言。先引名言，再敘述自己的觀點，作者這樣的行文手法，非常值得學習。因為讀者一看，呵！作者竟然和知名古人同一層次，就會更加信服作者的看法。

語文常識讀一讀

李白〈將進酒〉

君不見：黃河之水天上來，奔流到海不復回；君不見：高堂明鏡悲白髮，朝如青絲暮成雪。人生得意須盡歡，莫使金樽空對月。天生我才必有用，千金散盡還復來。烹羊宰牛且為樂，會須一飲三百杯。岑夫子、丹丘生、將進酒、杯莫停。與君歌一曲，請君為我側耳聽。鐘鼓饌玉不足貴，但願長醉不願醒。古來聖賢皆寂寞，惟有飲者留其名。陳王昔時宴平樂，斗酒十千恣讙謔。主人何為言少錢，徑須沽取對君酌。五花馬、千金裘，呼兒將出換美酒，與爾同消萬古愁。

引用名言，若能和作者一樣註明出處，如本文的唐太宗和李白，那就更技高一籌了。但是，古人實在太多了，留下的文章俯拾即是，萬一記不得名言的主人，可用「古人說」替代；若分不清是古人還是今人，可用「有人說」。千萬不可張冠李戴，將「岳飛」寫成「張飛」，將「荀子」寫成「筍字」，名言出處引用錯誤，是很重大的過失。

此外，文言文對國中生來說，背誦不易，若無法記住全文，也可翻譯成白話文。如子曰：

「知之為知之，不知為不知，是知也。」可翻譯成「孔子認為，知道就說知道，不知道也要勇於承認，這才是知道的定義。」

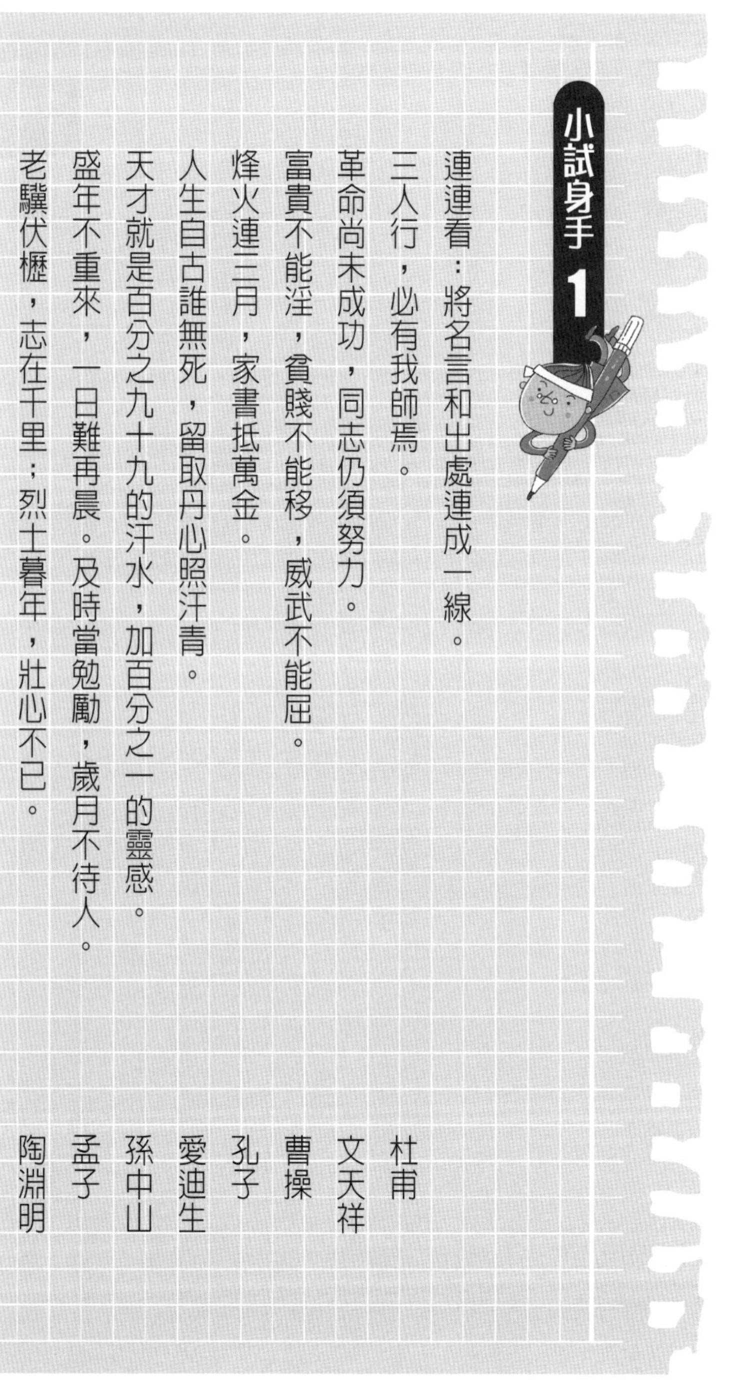

小試身手 1

連連看：將名言和出處連成一線。

三人行，必有我師焉。

革命尚未成功，同志仍須努力。

富貴不能淫，貧賤不能移，威武不能屈。

烽火連三月，家書抵萬金。

人生自古誰無死，留取丹心照汗青。

天才就是百分之九十九的汗水，加百分之一的靈感。

盛年不重來，一日難再晨。及時當勉勵，歲月不待人。

老驥伏櫪，志在千里；烈士暮年，壯心不已。

杜甫

文天祥

曹操

孔子

愛迪生

孫中山

孟子

陶淵明

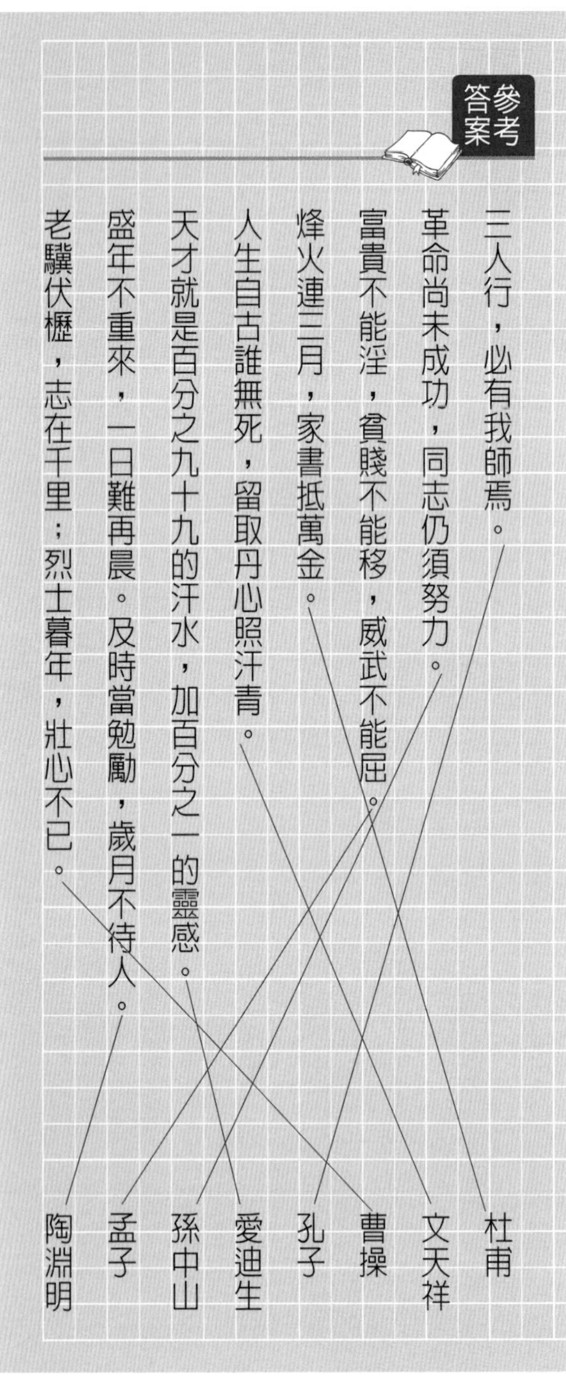

滿級分這樣寫

課內課外　根據主題準備名言

國中範文中有很多優美的句子，作者都是知名作家，同學如果能夠好好熟讀熟記，就可運用在寫作上。例如，寫作主題是「珍惜時間」，可引用國中課文李文炤的〈儉訓〉：「一日之計在於晨，一歲之計在於春。」或是引用朱自清的〈匆匆〉：「燕子去了，有再來的時候；楊柳枯了，有再青的時候；桃花謝了，有再開的時候。但是聰明的，你告訴我，我們的日子為什麼一去不復返呢？」

又如寫作主題是「面對逆境」，可引用艾雯的〈路〉：「平穩的道路通向平穩的終程；崎嶇的道路卻往往通向璀璨的前途。」或是引用杏林子的〈生之歌〉：「從有限的生命發揮出無限的價值。」

基測寫作結合國中範文名言舉隅

歷屆基測寫作題目	寫作主題	可搭配的國中課文	課文名言
當我和別人意見不同的時候	包容	宋晶宜〈雅量〉	你聽你的鳥鳴，他看他的日出，彼此都會有等量的美的感受。
體諒別人的辛勞	感恩	藍蔭鼎〈飲水思源〉	人的一生，就是上天與社會的賜與。
我從同學身上學到的事	學習	甘績瑞〈從今天起〉	從前種種，譬如昨日死；以後種種，譬如今日生。
我在成長中逐漸明白的一件事	成長	羅家倫〈運動家的風度〉	寧可有光明的失敗，決不要不榮譽的成功。
那一次，我自己做決定	負責	劉墉〈你自己決定吧〉	一個成熟的人，必定是能從頭到尾負責的人。
當一天的老師	體諒	司馬遷〈張釋之執法〉	一傾而天下用法皆為輕重，民安所錯其手足？
來不及	時間	洪醒夫〈紙船印象〉	有些事如過眼雲煙，倏忽即逝，有些事如熱鐵烙膚，記憶長存。
可貴的合作經驗	團結	陳之藩〈謝天〉	得之於人者太多，出之於己者太少。

一篇文章除了主旨外，通常也會涵蓋其他小道理。寫作時，可根據主題擷取相關內容。如同學耳熟能詳的〈背影〉一文，可運用在「親情」主題（寫作題目：常常，我想起那雙手）、「時間」主題（寫作題目：來不及）、「感恩」主題（寫作題目：體諒別人的辛勞）、「學習」主題（寫作題目：我在成長中逐漸明白的一件事）。也就是一篇文章可運用在不同的寫作主題。那麼，張騰蛟的〈那默默的一群〉一文，可應用在哪些寫作主題呢？崔瑗的〈座右銘〉，又可結合哪些寫作主題呢？請同學動動腦想一想。日後，同學研讀新課文時，也可從「名言和寫作」這個角度下手。

當然，同學也可以準備課文以外的名言，一般而言，寫作主題不外乎「負責」、「親情」、「金錢」、「時間」、「逆境」、「生命」、「健康」、「閱讀」……。每個主題準備兩個名言，就足夠運用在寫作上了。如「逆境」主題，可背誦孟子：「生於憂患，死於安樂。」或是「不經一番寒徹骨，焉得梅花撲鼻香」。又如「金錢」主題，可背誦「錢不是萬能，沒錢卻是萬萬不能」，或是「有錢能使鬼推磨」。

小試身手 2

底下有「改過」和「友情」兩個主題，請分別寫出兩個名言。

1.「改過」名言：

2.「朋友」名言：

參考答案

1.「改過」名言：人非聖賢，孰能無過？過而能改，善莫大焉。浪子回頭金不換。

2.「朋友」名言：君子之交淡如水，小人之交甜如蜜。在家靠父母，出外靠朋友。

名言的準備需要日積月累，坊間有寫作常用名言專書，非常實用，同學可取來參考。最後，回過頭來看六級分範文〈我從同學身上學到的事〉，它引用「以銅為鏡，可以正衣冠；以人為鏡，可以明得失」和「天生我才必有用」兩處名言，這些都不是國中範文教材，而是作者自行開發。有人說「文無章法」，認為作文無從準備，但就引用名言來說，卻是可以提早下手。

名言也常出現在國文試題。

小試身手 3

「個人短暫不到百年的人生，在歷史的長河裡，就如同短暫濺起水花的小石，如果沒有前人的指引，很難找到自己的價值；若沒有後人的跟隨，任何成就只是短暫的泡沫。」這段文字所要表達的意旨，與下列何者最接近？（二〇一三年基測試題）

A前人種樹，後人乘涼　C先憂後樂，成就青史
B前事不忘，後事之師　D承先啓後，繼往開來

D

小試身手 4

連連看：請將名言和寫作主題配對。

人固有一死，或重於泰山，或輕於鴻毛。
書山有路勤為徑，學海無涯苦作舟。
一失足成千古恨，再回頭已是百年身。
斬草不除根，春風吹又生。
不經一事，不長一智。
忍一時風平浪靜，退一步海闊天空。
十年樹木，百年樹人。

忍耐
生命
謹慎
勤勞
改過
教育
成長

參考答案

人固有一死，或重於泰山，或輕於鴻毛。——生命
書山有路勤為徑，學海無涯苦作舟。——勤勞
一失足成千古恨，再回頭已是百年身。——謹慎
斬草不除根，春風吹又生。——改過
不經一事，不長一智。——成長
忍一時風平浪靜，退一步海闊天空。——忍耐
十年樹木，百年樹人。——教育

第7回 悲情題材

讓評審感動淚崩

喜劇博人一笑，具有紓壓功能，卻難能撼動人心。要能撼動人心唯有悲劇，特別是讓人落淚的悲劇，它對觀眾有更深層的感染力和影響力，觀眾在低迴感嘆之際，通常會有更大的思考空間。

寫作題材也是如此，以悲劇入題，更能撼動評審。筆者閱卷無數學生文章，由於生活富裕，連本該感傷的「畢業旅行」、「畢業典禮」，都寫得喜氣洋洋，熱鬧非凡。「歡樂多，痛苦少」已是當今國中寫作的共同現象。於是，若出現一篇感人肺腑的國中生悲劇文章，就會激起女國文老師們的母愛。評審眼淚流下之際，卻是分數上飆之時。

在講授之前，先來欣賞一篇感人的〈晚餐〉範文。

〈晚餐〉

說明：

「食衣住行」是人類四大需求，其中以「食」排名第一，俗諺：「吃飯皇帝大」。通常，晚餐是三餐中最豐盛的一餐，也是家人相聚的溫馨時光。你的晚餐是不是也是如此？或是與眾不同。請你以「晚餐」為題目，寫出你享用晚餐的經過和心情。

參考範文

夜幕低垂，華燈初上，下班放學的人潮多了起來。在秋末涼意下，路上行人匆匆，他們都趕著回去和家人共聚晚餐，在餐桌前傾訴今天身邊所發生的事情。晚餐，多麼令人心動又溫馨的字眼！

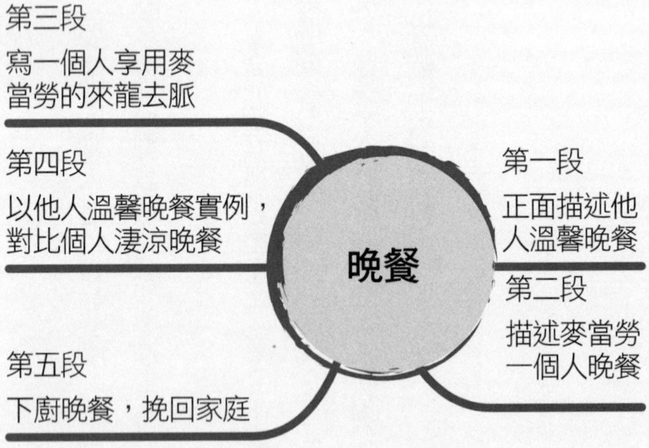

晚餐

第一段

正面描述他人溫馨晚餐

第二段

描述麥當勞一個人晚餐

第三段

寫一個人享用麥當勞的來龍去脈

第四段

以他人溫馨晚餐實例，對比個人淒涼晚餐

第五段

下廚晚餐，挽回家庭

▲〈晚餐〉一文結構心智圖

只有我獨自一人走進麥當勞店裡。「歡迎光臨，小弟，今晚比較早喔！一樣漢堡和可樂的七十元套餐嗎？」店員以宏亮又職業的聲音問我。我點了頭說：「嗯！」付完錢後，我選定窗戶邊的位子坐了下來。「漢堡、可樂」這就是我今天的晚餐。

我神情落寞地咬著漢堡，卻是食不知味，因為我的爸媽剛剛又吵架了。他們什麼都吵，以前為了買家具而吵，最近為了金錢而吵，每次吵完架，媽媽通常負氣離家出走，生氣的爸爸會丟一百塊給我，吼叫：「自己到外面解決晚餐。」今天，他們竟然吵到要「離婚」。我想到剛剛火爆的場面，難過得吞不下嘴裡的漢堡。「你要跟爸爸住還是媽媽？」我沒有辦法回答這個問題，拿著一百塊就衝出家門，走向熟悉的麥當勞。

我無意識地玩弄著吸管，頭一抬，看到對面二樓窗戶裡，一戶人家正在享用晚餐，透過昏暗的黃色燈光，隱約可見一家三口的身影，朦朧中可看到爸媽正在為那小男孩挾菜，這位幸福的小男孩，年紀應該和我差不多吧！我低下頭看看塑膠盤中的冷漢堡，忍不住眼眶紅了起來。「媽媽，我要和麥當勞叔叔照相，還要吃冰淇淋，買飛天玩具。」突然背後傳來稚嫩的小女孩叫聲，我順著聲音回頭，又是一幅令人羨慕的合家歡景象。

我迅速站了起來，頭也不回地離開麥當勞，迎著寒風在人群中徘徊。我不羨慕別人晚餐的大魚大肉，或是滿漢全席。我只希望全家能共享晚餐，哪怕是粗茶淡飯都無所謂。好吧！明晚就由我來掌廚，希望能藉由這晚餐挽回爸媽的感情，讓碎裂的破鏡能夠重新圓整起來。

晚餐是個溫馨時刻，一般學生的寫作內容，八成是「家人累了一整天，晚餐時大家圍繞餐桌，分享一天的感受和心得，真是幸福的時光。」不然就是「媽媽是位廚房高手，端出的菜餚色香味俱全，全家人吃得不亦樂乎！」這些溫馨題材當然能寫，只是寫來大同小異，評審看多了，也就麻木而習以為常了。

〈晚餐〉選文則一反常態，它以悲劇入題，採用對比手法，以家家戶戶的溫馨晚餐，對比出自己一人的淒涼晚餐。它顛覆常人對晚餐的美好印象，讓人憐憫又掛心這位流浪街頭、苦於父母即將離異的小孩。

文末作者靈機一動，帶著天真浪漫又無奈的情懷，想以親自下廚晚餐來挽回父母感情，既切合題目〈晚餐〉，又留給讀者無限的想像空間，結局甚有張力。

〈晚餐〉範文和一般文章的對比

	範文	一般文章
內容	哀傷悲劇	歡欣喜劇
用餐人員	獨自一人	父母兄弟
用餐地點	外面速食店	家裡餐廳
晚餐由來	麥當勞外食	媽媽拿手菜
用餐心情	淒涼無處訴	快樂話家常

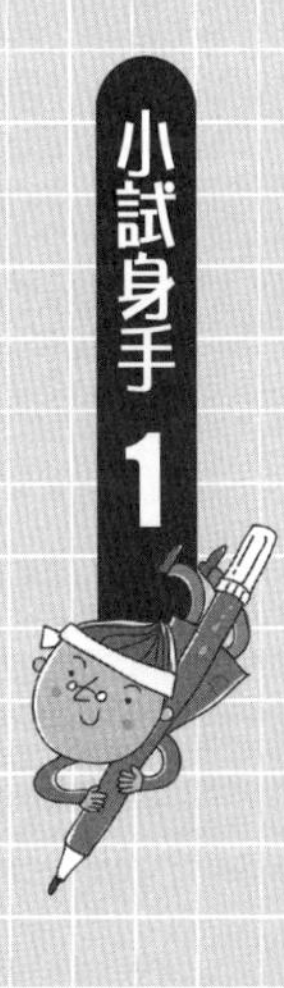

下列有四則悲劇故事，故事主角各是何人呢？

1. 清朝人，曾言：「鴉片氾濫，數十年之後中原再無可禦敵之兵，也沒有可以充餉之銀。」他擔任兩廣總督後，努力查禁鴉片，引起中英鴉片戰爭，中國戰敗後，他被流放到新疆。

2. 秦末人，他起義反抗秦朝，英雄蓋世，自稱「西楚霸王」。不料另一英雄漢劉邦竄起，楚漢相爭，最終他兵敗自刎，留下：「無顏見江東父老」名言。

3. 漢代文人，他因為仗義執言搭救朋友，被判死刑，後改判宮刑，痛不欲生，在獄中寫下歷史名著《史記》，贏得後人推崇。

4. 宋末人，當時元兵攻擊殘宋，宋臣變節投降者不勝其數，獨有他率領殘軍抵抗元兵，後兵敗被俘。元人以名利誘惑他歸順，他不為所動，只求一死，臨刑前留下「人生自古誰無死，留取丹心照汗青」名言。

A 司馬遷　　C 文天祥

B 項羽　　D 林則徐

參考答案

1. D
2. B
3. A
4. C

小試身手 2

寫作題目是〈旅遊〉，請以一〇〇字描述一齣悲劇。

參考答案

來到這個海邊景點，我旅遊的興奮心情不見了，湧起的是淚水和慘痛的回憶。多年前的暑假，我和幾位同學到此戲水，渾然不知死神就隱藏在水中腳下，它見機而動，暗地突襲。我看到兩位同學幾度載浮載沉，隨後不見人影，永遠不見人影了。

生離死別　悲劇感人好題材

戰國時代詩人屈原有言：「悲莫悲兮生別離」；南朝詩人江淹也說：「黯然銷魂者，唯別而已矣」，離別是人生中最難承受的痛苦，也是最好的悲劇題材。

離別分兩種，一為生離，如國中範文朱自清的名文〈背影〉，敘述他和父親在火車站的生離。一為死別，如高中範文林覺民的〈與妻訣別書〉，寫出他臨死前的心情。無論是生離還是死別，兩者給人的震撼力都很強，若一定要分出高下，則死別更勝生離，因為生離尚有再會之時，死別則無重逢之可能。

語文常識讀一讀

朱自清〈背影〉一文大要

在北京唸書的朱自清，回到南方故鄉奔喪，回程時，父親親自送他搭乘火車。分離之際，作者目睹身材臃腫的父親，為了替自己買橘子而攀爬月臺的笨拙身影，因而感動不已。

林覺民〈與妻訣別書〉一文大要

林覺民（一八八七～一九一一），清末革命先烈，黃花岡七十二烈士之一。他武裝推翻清廷失利，兵敗被俘，二十四歲臨死之前，寫下遺言〈與妻訣別書〉，內容描述他對妻子的深情和不捨，但念及國家多難，是以化小愛為大愛，慷慨赴死。

如果作文題目是〈我最難忘的一件事〉，若以悲劇入題，則可寫同學轉校前，送別聚餐的「生離」；也可寫畢業典禮的「生離」；也可寫媽媽改嫁他處的「生離」；也可寫爸爸前往外地工作的「生離」。可寫同學溺水往生的醫院「死別」；也可寫好友車禍身亡的公祭「死別」；也可寫親人病故的殯儀館「死別」。

除了「生離死別」外，歲月流逝也是很好的悲劇題材，時間對比總是讓人不勝唏噓。國中範文洪醒夫的〈紙船印象〉即是以此手法而贏得讚賞，他以孩提時，心事重重的母親靜下心為他摺紙船，來對比如今為人父而替子女摺紙船。時光流逝，角色易位，人事已非，紙船如昔，感嘆之中帶有些許溫馨，莫怪乎讓讀者低迴不已。

歲月催人老，「美人遲暮」，老化是美女最大的恐懼；「英雄最怕病來磨」，病痛是英雄最大的恐慌，時間是人世間最公平的東西，它掠走了美女的容貌和英雄的健康。

時間對比——青春與年老

	青春	年老
身體	健康強壯	衰老多病
頭髮	黑髮茂密	童山濯濯
皮膚	吹彈可破	皺紋滿身
走路	健步如飛	遲緩笨拙
思想	積極冒險	消極保守

語文常識讀一讀

童山濯濯

童山，草木不生的山。濯濯，形容乾乾淨淨的樣子。童山濯濯指無草木的樣子。後多用以形容人禿頭、無髮。如：「他正值壯年，卻已童山濯濯。」

日出般的青春經過歲月洗鍊後，成為搖搖欲墜的夕陽，實在令人興悲。此外，戰爭也是悲劇的好素材，它是生離死別的溫床，臺灣目前無戰事，只能從電影或文學中尋覓了。

喜劇讓人發笑，然而，記憶常伴隨著笑聲結束；悲劇逼人淚下，記憶卻能隨著淚水，不時湧現。每個人都有一些不愉快的經驗，大家喜歡「報喜不報憂」，如果寫作能異軍突起，轉換成「報憂不報喜」，供出內心不欲人知的慘事，那將會讓評審們揪心而泫然淚下。

與「悲」字相關的成語

成語	意思
霸王悲歌	形容英雄末路，慷慨悲涼。
悲天憫人	憂傷時局多變，哀憐百姓疾苦。
悲歡離合	比喻人世間的聚散無常。
悲秋傷春	既悲秋來又傷春去。比喻容易受外物而感動。
悲從中來	悲哀從內心發出。
兔死狐悲	比喻因同類的死亡而感到悲傷。

第8回 繪聲繪影
讓人物活靈活現

一般而言，文體分為記敘文、抒情文和議論文三種，對國中生來說，最常寫、最實用的就是記敘文了。在記敘文中，對話情節隨處可見，如在教室裡的師生對話——

老師說：「這不是作弊，那甚麼是作弊？」

學生說：「這是大是大非的問題，沒作弊就是沒作弊。」

這樣的文章只有內容，並沒有傳達出說話者的情緒。由內容來看，這段應該是師生在劍拔弩張下的對話，可以改成——

老師左手拿著批閱過的考卷，右手指著學生，怒目吼叫：「這不是作弊，那甚麼是作弊？」

學生不甘示弱，抬頭挺胸，眼睛注視著老師，大聲回答：「這是大是大非的問題，沒作弊就是沒作弊。」

如此一改，除可表達說話者的憤怒神態，又可讓文章長度變長，可謂一石二鳥。底下介紹的「繪聲繪影」，就是讓說話者活靈活現的寫作技巧。

〈我最後悔的一件事〉

參考範文

「青春少年時，親像目一眨」，老牌歌星沈文程略帶蒼涼的歌聲，又從收音機裡宣洩而出，我不禁想起了當年和母親一起灌製香腸時的情景。當時這首「舊情也綿綿」剛剛走紅，每天電臺一再播唱，它一直伴隨著我們工作。

當年國中暑假，同學來電邀約逛街、出遊，母親接下電話後，往往以「幫忙家事」為由，替我回絕同學的邀請。那天，同學又來電了，正在工作的母親放下豬肉，用油膩膩的手接起電話，盤問對方幹啥？隨後母親不悅地數落我的同學：「他在灌製香腸，沒空，你們以後不要再打電話來了。」然後「砰」的一聲掛上電話。「媽，你怎麼

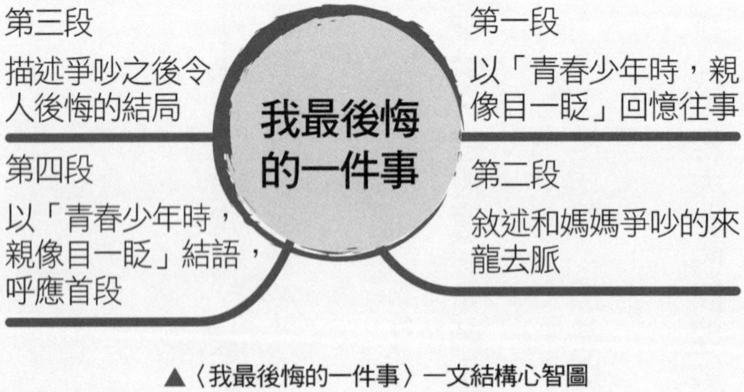

我最後悔的一件事

第一段
以「青春少年時，親像目一眨」回憶往事

第二段
敘述和媽媽爭吵的來龍去脈

第三段
描述爭吵之後令人後悔的結局

第四段
以「青春少年時，親像目一眨」結語，呼應首段

▲〈我最後悔的一件事〉一文結構心智圖

這樣和我同學講話？」我壓抑不住累積的怒火，在旁邊大聲抗議起來。「你幹嘛講話這麼大聲？你交的朋友整天只知道玩，功課一定不好，還是少來往為妙。」媽媽的聲音壓過了我。「連我交朋友你都要管，你管太多了！」「你這是對媽媽講話的態度嗎？你不喜歡這個家，可以離開啊！」我一聽，馬上甩去手上香腸吼叫：「誰稀罕這個家？」就頭也不回地走出這個家了。「你有種就不要再回來。」我只聽見媽媽歇斯底里地在背後怒吼。

我跑到河邊呆坐，看到白天的月亮也在對著我哭泣，我突然很羨慕旁邊的石頭、小樹，如果能變成它們，就沒有這麼多的煩惱了。我賭氣不回家，餓著肚子跑到附近火車站準備過夜。半夜輾轉難眠，直到警察巡邏盤問，聯絡到叔叔時，才知道媽媽急得血壓飆高，送往醫院急救。我忘記是怎麼抵達醫院的，只記得看到昏迷的媽媽時，感到熟悉又陌生。後來，媽媽終於醒了，檢查結果是「小中風」，從此媽媽走路一拐一拐。隔幾年，母親再度中風，就離開這個家了。

現在，我已經能體會媽媽當時「愛之深，責之切」的心情。然而，一時的負氣造成媽媽永久的遺憾，卻是我一輩子的罪惡，和抹滅不去的後悔。「青春少年時，親像目一眨」，隨著歌聲，我彷彿又回到母子灌製香腸的情景……。

範文描寫母子對話時，分別以「母親不悅地數落我的同學」、「在旁邊大聲抗議起來」、「甩去手上香腸吼叫」、「媽媽歇斯底里地在背後怒吼」形容，將兩人的怒氣生動地搬到紙面上，使讀者搖身一變成為現場觀眾。這種描繪說話者的語氣、表情、肢體動作的手法就叫作「繪聲繪影」。

古人以「喜怒哀樂」來分類情緒，因為「喜」和「樂」類似，我們簡化成「喜怒哀」三種來論述。古人的「怒曰」，若換改白話，就是「生氣地說」、「大聲斥喝」、「歇斯底里吼叫」、「氣急敗壞地說」等。同樣地，古人的「哀曰」，可以改成「難過地說」、「傷心地說」、「垂頭喪氣地說」、「淚流滿面地說」。

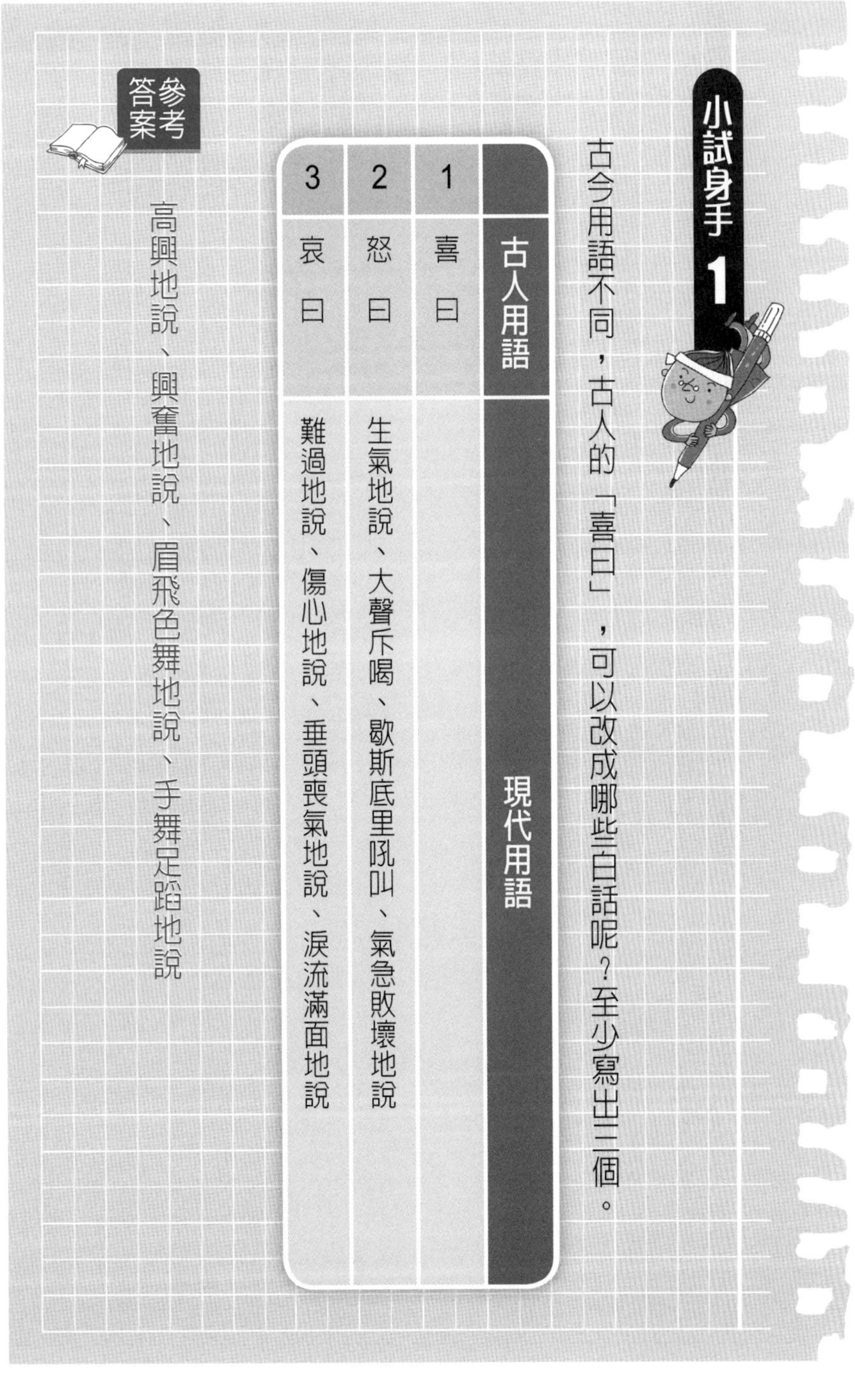

小試身手 1

古今用語不同，古人的「喜曰」，可以改成哪些白話呢？至少寫出三個。

	古人用語	現代用語
1	喜曰	
2	怒曰	生氣地說、大聲斥喝、歇斯底里吼叫、氣急敗壞地說
3	哀曰	難過地說、傷心地說、垂頭喪氣地說、淚流滿面地說

參考答案

高興地說、興奮地說、眉飛色舞地說、手舞足蹈地說

同學平日上國文課時，只要稍微留心，就可發現許多範文是運用「繪聲繪影」來行文，這樣的手法非常值得學習。

國中範文「繪聲繪影」寫作手法舉隅

篇名	篇中說話文句
謝天	祖母總是摸著我的頭說：「老天爺賞我們家飽飯吃……。」
差不多先生	他搖搖頭道：「紅糖同白糖，不是差不多嗎？」
聲音鐘	慢條斯理，喊著「修理沙發哦」的車子經過時，你知道又是週末了。
大明湖	老殘暗暗點頭道：「真正不錯！」
空城計	言訖，孔明拍手大笑曰：「吾若為司馬懿，必不便退也。」

滿級分這樣寫

各自表述　說寫大不同

說話和文章有很大的不同，說話時有語氣、表情和手勢的輔助，對方很容易就可感受到說話者的用意。若原封不動將說話內容寫入文章，很可能就會誤解。

如文章寫成——

施老師對著學生說：「我會好好照顧你。」

就字面上來看，也許施老師真的佛心來著，要好好照顧這位學生；但也有可能施老師要找機會，好好管教這位學生。如果要表達的是前者的真心關愛，可寫成——

施老師輕輕地拍著學生的肩膀，語氣柔和地說：「我會好好照顧你。」

如果要表達的是教訓學生，就可寫成——

施老師板起臉孔，手指著學生的鼻子，一個字一個字大聲地說：「我會好好照顧你。」

如此修改，可讓說話者活靈活現，語意表達也可更加精準，避免讀者誤解。

小試身手 2

長官對著半澤直樹說：「有人要請你吃飯？」

請以長官不同的兩種情緒，填寫底下——處

1. 長官——對半澤直樹說：「有人要請你吃飯？」
2. 長官——對半澤直樹說：「有人要請你吃飯？」

參考答案

1. 長官微笑地對半澤直樹說：「有人要請你吃飯？」（友善的長官）
2. 長官哼了一聲對半澤直樹說：「有人要請你吃飯？」（敵視的長官）

運用繪聲繪影時，可單一針對說話者的語氣描述，也可語氣加上表情，也可表情加上肢體動作。總之，單一使用，兩種並用，或三種齊下皆可，變化可隨內容需要而增減。

請看「三種齊下」範例——

拔河比賽失利，老師雙手下垂（肢體動作），眼神無力（臉部表情），哀傷地說（語氣）：「這是本班最恥辱的一天。」

當然你可挑其中一種，成為——

拔河比賽失利，老師哀傷地說：「這是本班最恥辱的一天。」

或是「兩種並用」，成為——

拔河比賽失利，老師雙手下垂，眼神無力地說：「這是本班最恥辱的一天。」

運用繪聲繪影三手法

	說話者三種描述	舉例
1	語氣描述	他哀傷地說
2	表情描述	他眼神無力地說
3	肢體動作描述	他雙手下垂地說

小試身手 3

請在底下＿＿＿處，針對說話者繪聲繪影。

半澤直樹＿＿＿說：「若有人冒犯我，我就會加倍奉還。」

參考答案

半澤直樹目露凶光，齜牙咧嘴地說：「若有人冒犯我，我就會加倍奉還。」

文章大不同：繪聲繪影前，文章單調枯燥

〈賴床〉

「鈴……鈴」刺耳的鬧鐘，教人頭皮發麻。

我迅速按下鬧鐘，繼續作夢。

「還睡！起床了，快遲到了！」媽媽說。

「好啦！」我說。

媽媽說：「還睡！叫你不要熬夜都不聽！」

我說：「現在幾點啦？」

「八點了！」媽媽說。

「完啦！遲到了！」我說。

文章大不同：繪聲繪影後，文章變化有趣

〈賴床〉

「鈴……鈴」刺耳的鬧鐘，教人頭皮發麻。

我迅速按下鬧鐘，繼續作夢。

「還睡！起床了，快遲到了！」媽媽高八度的吼叫聲，讓我再度從睡夢中驚醒。

「好啦！」我緩緩張開雙眼，有氣無力地回答著。

媽媽見我仍然沒有動靜，就跑到我的房間，站在床前，左手叉著腰，右手指著我的鼻尖怒吼：「還睡！叫你不要熬夜都不聽！」

我揉揉朦朧的睡眼，裝作不在乎，緩緩地問媽媽：「幾點啦？」

「八點了！」媽媽指著一旁的鬧鐘，氣急敗壞地吼著。

「完啦！遲到了！」我驚聲尖叫起來，睡意全消。

第9回 前後呼應 文章更有結構

世上像李白這種提筆即可寫出驚世佳文的高手，屈指可數，多的是杜甫這類慢工出細活的人。李白天才百年不可一見，凡人無法效法；杜甫的費心布局，才是我們學習的好對象。

然而，一般學生從不布局，通常看到題目就猛寫，譬如題目是「公德心」，第一段寫公德心的重要，第二段也寫公德心的重要，三、四段也是。雖然寫了四段，實際上只有一段，毫無布局結構可言。

「布局巧妙，結構嚴謹」是高級文章的特色。底下介紹的「前後呼應法」，可以讓文章變得很有布局特色。所謂「前後呼應法」是指首段敘述的事情，在末段又重複出現，也就是再次呼應首段。

〈成長過程中，改變我最深的一件事〉

參考範文

低頭看看自己幼稚園時，穿著白雪公主華麗衣服拍攝的可愛相片，再對比眼前蓬頭垢面的我，除了家人，外人恐怕無法相信那是同一個人。曾經，我是家人的掌上明珠，曾經，我貴為天之嬌女。在一次嚴重打擊後，全部變了形走了樣。

「豪宅、女傭、轎車、名牌……」這些上流人士的「配件」，曾陪伴我度過快樂的小學時光。我知道這些「配件」都是長年在大陸經商的爸爸，賺取辛苦錢換取的成果。然而，就在我小六那年，爸爸整年不回臺灣，就連來電也屈指可數，倒是媽媽好幾次前往大陸探視爸爸。畢業前兩天晚上，流著眼淚的媽媽對

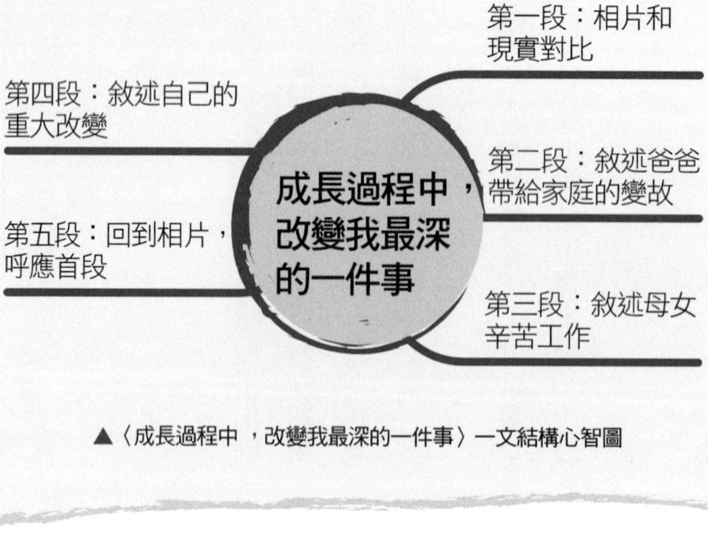

成長過程中，改變我最深的一件事

第一段：相片和現實對比

第二段：敘述爸爸帶給家庭的變故

第三段：敘述母女辛苦工作

第四段：敘述自己的重大改變

第五段：回到相片，呼應首段

▲〈成長過程中，改變我最深的一件事〉一文結構心智圖

我宣告了一件晴天霹靂的大事：「妳爸爸在大陸喜歡上別的女人，媽媽挽救無效，上週已經和爸爸辦妥離婚手續了。」我感到非常憤怒，爸爸怎麼可以拋棄我們呢？從未在外就業過的媽媽，拿著贍養費開了一家餐廳，不到三個月就因為生意門可羅雀而停業了。

曾經也是千金小姐的媽媽，現在在菜市場租下攤位賣豬肉；曾經是集三千寵愛於一身的我，星期假日得捲起袖子協助媽媽灌製香腸。一開始，我曾自怨自艾，羨慕同學能夠聚會吃大餐、買門票追巨星，而我卻只能待在家裡接觸油膩膩的豬肉。然而，房貸、車貸、水費、電費、就學費等一連串的催繳單，壓得我們喘不過氣。看著媽媽像兩頭蠟燭般日夜燃燒，我很怕她的健康亮起紅燈，我已失去了爸爸，可不願再失去媽媽。有此擔憂，我豁然開朗，化悲憤為力量，化阻力為助力，我不再是只會抱怨的嬌嬌女，而是會主動分擔媽媽沉重工作的好女兒。

爸爸的無情雖然造成我們母女的不幸，卻讓我的人生觀有了重大的改變。經過這一嚴厲的磨練，我比同年齡的朋友更加成熟，有時看到同學們為了名牌而辯得面紅耳赤，我會啞然失笑在心裡。「別人是烏鴉變鳳凰，妳是鳳凰變烏鴉。」我絲毫不在乎懷有敵意同學對我的譏諷。好友對我說：「妳的改變真大，以前的妳一定和她們怒目對罵。」

我的思緒從白雪公主的相片夢幻中，轉回到現實的眼前。如今貸款壓力仍然沉重，但是危機就是轉機，我期盼否極泰來的一天早日來臨。爸爸的外遇事件，讓我的生命轉了個大彎，深深地改變了我的人生觀。

首段開頭以「幼稚園時的白雪公主相片」起筆，末段又提到「我的思緒從白雪公主的相片夢幻中……，」首末段都提到「白雪公主相片」，這就是「前後呼應法」，這樣的文章給人「有始有終」的感覺，很有設計感。

國中範文「前後呼應法」舉隅

作者篇名	前後呼應處	首　段	末　段
朱自清〈背影〉	背　影	我與父親不相見已有二年餘了，我最不能忘記的是他的背影。	……在晶瑩的淚光中，……，黑布馬褂的背影。唉！我不知何時再能與他相見！
劉墉〈你自己決定吧〉	你自己決定吧	……這時我給的答案都是同一句：「你自己決定吧！」	……這不也是一環扣著一環嗎？說了這一大堆，還是那句老話：「你自己決定吧！」
杏林子〈心囚〉	囚　犯	在許多人眼裡，我看來多麼像是一個囚犯，……	比起我，到底誰更像是囚犯呢？

小試身手 1

請查閱國中國文課本，寫出陳黎〈聲音鐘〉一文前後呼應的文句。

首段：

末段：

參考答案

首段：我喜歡那些像鐘一般準確出現的小販的叫賣聲。

末段：我喜歡聽那些像鐘一般準確出現的小販的叫賣聲。

滿級分這樣寫

名句景物　前後呼應好素材

如何運用前後呼應法呢？範文〈成長過程中，改變我最深的一件事〉運用的是「相片」，

第74頁〈我最後悔的一件事〉則以歌詞「青春少年時，親像目一眨」前後呼應。相片和歌詞

都是很好的呼應題材，此外，名句和景色也都可以運用。題目同樣是〈我最後悔的一件事〉，以「名句」為例——

首段：「一失足成千古恨，再回頭已百年身。」那年，我是那麼地不懂事，竟然任性的離家出走，造成了無法彌補的憾事，真是後悔莫及。

末段：人生步步險惡，的確，「一失足成千古恨，再回頭已百年身。」凡事三思而後行，才不會後悔一生。

名句「一失足成千古恨，再回頭已百年身」呼應前後段，讓人悲切地感受到作者無限的後悔。題目同樣是〈我最後悔的一件事〉，以「眼前景物」為例——

首段：媽媽小心的扶著我走過這座無名小橋，橋下溪水湍急，不時傳來鳥鳴聲，她邊走邊叮嚀：「到學校住宿，自己要照顧好自己。」

末段：橋下溪水依舊湍急，清脆的鳥鳴聲如昔，我一個人走在這座無名小橋，想起當日媽媽在我耳邊的叮嚀，然而，媽媽卻……。

景色依舊，物是人非的氛圍，凸顯出無限的後悔。

小試身手 2

題目自訂，請以名句「加倍奉還」呼應前後段。

題目：

前段：

後段：

參考答案

題目：我最得意的一件事

前段：我滿意地看著成績單上的分數，興奮地大喊：「加倍奉還，我做到了。」

後段：苦讀的過程雖然辛苦，然而「加倍奉還」的甜美果實，卻讓人回味再三。

此外，「前問後答」也是呼應法的一種，它在首段提出疑問，而在最後一段宣布答案。國中範文陶淵明的〈五柳先生傳〉就是以這種「前問後答」的方法呼應。

它的首段這樣起筆：

先生不知何許人也，亦不詳其姓字。宅邊有五柳樹，因以為號焉。

這位先生身分成謎，給人留下好奇。經過中間段食、衣、住的描述後，最後一段有了結論，原來這位先生的身分是：

無懷氏之民歟！葛天氏之民歟！

無懷氏和葛天氏都是上古的模範皇帝，這位安貧樂道的先生，正是那個時代的百姓。「前問後答法」的「前問」越是懸疑，越是能吊人胃口，越能吸引讀者繼續閱讀以探尋答案。請看底下舉例：

首段：這間求售的房子座落在捷運站旁邊，附近又有菜市場，生活機能良好，更重要的是，它的價位不到行情的一半。然而，多年來始終無人問津，「為什麼？為什麼？」這疑問一直存在我的腦海。

末段：幸虧有新聞報導，我才知道這間房子是一間凶宅，盤旋在我心中多年的「為什麼？」終於有了答案。日後，當我再經過它時，總會駐足多看它兩眼，隨即快步離去。

條件好的房子竟然得不到買家青睞，不僅是作者的疑問，也是讀者的疑問。〈五柳先生傳〉只是前問後答，這篇文章除了前問後答，更有關鍵語「為什麼」聯繫，可謂雙重呼應，很值得學習。

小試身手 3

閱讀完首段後，請用「前後呼應法」完成末段。

首段：班長在學校時，和我們玩成一片；放學後，他也沒有去補習。我很少看到他在讀書，然而，他的成績卻是名列前茅，怎會這樣？這個大問號讓我百思不得其解。

參考答案

末段：若不是到班長家玩，若不是和班長的媽媽聊天，我根本不知道班長在家是那麼的認真唸書。「一分耕耘，一分收穫」，我心中的大問號終於解開了。

段落標題

讓段意更明顯

好的文章當然要有明確的主旨，除此，各段也要有段旨，也就是每段都要有段意。然而，一段不過數行而已，在篇幅受限下，有時很難看出段意，這時可考慮運用「段落標題法」。

「段落標題法」就是在各段開頭，以簡單文句提示段意，再根據段意發揮。以教育部寫作試題範例〈爭吵之後〉為例，首段簡述後，中間各段就可運用「段落標題法」，下一頁表格內各段開頭的＿＿＿處，就是段意提示，這就是讓段意清楚可見的「段落標題法」。

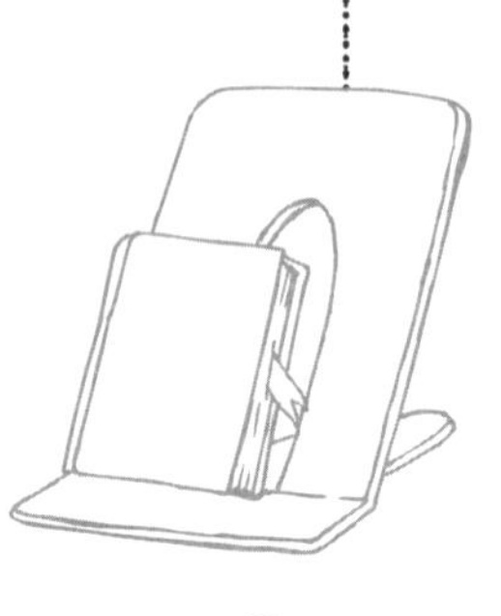

「段落標題法」在〈爭吵之後〉一文的運用

段落	內容
首段	人格特質不同，對事情的看法也會不同。再親密的家人，再要好的朋友，也難避爭吵。重要的是，爭吵之後，我們該有怎樣的應對？
第二段	爭吵之後，我會檢討誰先動怒。有修養的人不輕易動怒……。
第三段	爭吵之後，我會主動表示歉疚。不管誰對誰錯，我都會主動伸出修復友誼的手，遞出友善的橄欖枝……。
第四段	爭吵之後，我會防範類似的爭吵。下回若再遇到無法忍受的事情時，我會深呼吸一口，壓抑住自己的怒氣，以清醒理智的頭腦……。
末段	孔子的愛徒顏淵以「不貳過」聞名，見賢思齊，我要向他看齊，讓自己更加有修養，更加成熟，讓爭吵不再出現於我的生活中。

參考範文

〈轉彎〉

全國作文比賽國中生組
第三名新北市南區吳悠嘉

海倫・凱勒曾說：「除非自我繳械，生命永遠存在光芒。」每個人的生命都有轉折處，山窮水盡後，能瞅見那柳暗花明的狂喜！轉彎，突破了重重幽暗；轉彎，改變了困頓心境；轉彎，學習了坦然面對；轉彎，更讓我們邁向光明！

一個轉彎，象徵著生生不息。曾經，我彳亍於庭院裡，忽在陰暗牆角，瞥見了一抹鮮綠，是一株藤類植物，我的眼眸中輝映出驚奇。我由一旁的小洞裡一瞧，它的莖在牆

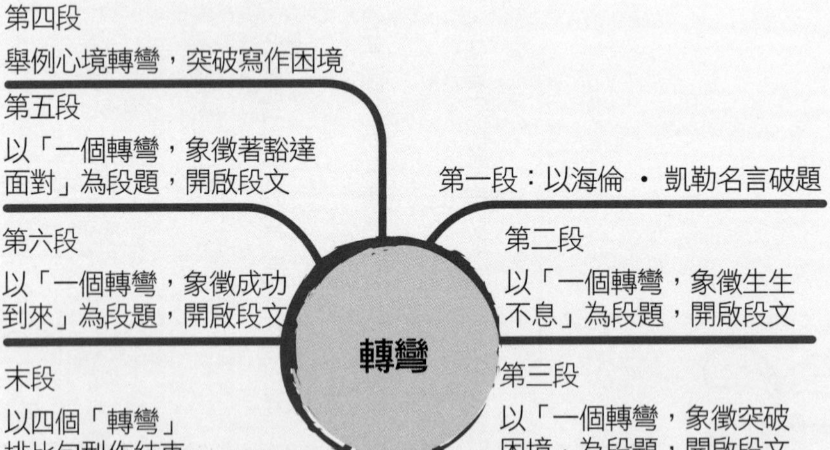

第一段：以海倫・凱勒名言破題

第二段
以「一個轉彎，象徵生生不息」為段題，開啟段文

第三段
以「一個轉彎，象徵突破困境」為段題，開啟段文

第四段
舉例心境轉彎，突破寫作困境

第五段
以「一個轉彎，象徵著豁達面對」為段題，開啟段文

第六段
以「一個轉彎，象徵成功到來」為段題，開啟段文

末段
以四個「轉彎」排比句型作結束

轉彎

▲〈轉彎〉一文結構心智圖

磚中不斷蜿蜒，它似乎正試著鑽出每一個縫隙，它奮力的嘗試，若這個縫隙衝不破，它即轉彎，尋找下一個希望，最終衝破闃黑的泥牆，昂首採擷著陽光糝落的金粉，讓這一隅盈滿生機。如鼓聲，我心中有感動響起！人生不也如此，遇到挫折，別被失意桎梏，在多次轉彎後，必能追尋著燦爛，生機盎然！

一個轉彎，象徵著突破困境。回首往日冬季，訴說曾經風霜，我也經歷過一番挫折的禁錮。從小，我就喜愛以筆為鋤，盼盼耕耘寫作的稻田，用那些童真的話語灌溉；直到上了國中，我陷入了迷惘，彷彿與稿紙失去了默契一般，提筆，腦中浮現的竟是一片空白。一次，我又在比賽中失利，同學竟拿著獎狀在我面前大肆炫耀，「妳不是很厲害嗎？」此句如一支箭，筆直射向我心扉；如同一隻籠中鳥，我想衝破牢籠卻一再撞壁，我聽見寂靜大聲鼓掌，並訕笑著我那不爭氣的眼淚……。

如失去羅盤的舵手，我在文字大海中盲目漂泊。心中不斷浮現放棄的念頭，正當我呆望著潔白的稿紙，媽媽牽起我無力的小手，帶我進入家中那輛老爺車，幾個問號由腦袋中萌生，只見媽媽不發一語，開著車前進；忽地，一道牆出現在眼前，她彷彿發瘋似地向前衝，「媽媽！右邊有一條路，妳可以轉彎呀！」她停下來，臉上勾起一道弧，像梳子一邊梳理我雜亂不堪的思緒，我頓時恍然大悟。回到家，思忖著近日的失意憔悴：或許這都是一種挑戰！我執起靜候已久的筆桿，眼淚已走遠，只留下我內心無限的歡忻，心中最深沉的想法隨即注入筆端，我找回了自己！當得獎名單上出現我的名字，彷佛為自己拋下穩固的船錨，更亮起成就的光輝！原來，心念一轉，改變了思維的方向，才不會深陷困蹇的囹圄中。我豁達的笑了，在失敗時轉個彎，將會有春季的溫藹，流轉於心中！

一個轉彎，象徵著豁達面對。余秋雨曾在《文化苦旅》中提到：「堂皇轉眼凋零，喧騰是短命的別名。」誠然，人生是有生與死兩個點所串連的，紅顏轉眼蒼髮，美麗或許也只是衰頹的前身；但，若能在現實的殘酷中轉一個彎，用珍惜取代苦苦等待死亡，不也是一種坦然？世上有許多人正等待著器官捐贈，等待著未知，但其中也體會到家人溫暖的愛，雨果曾說：「一個人最大的幸福是確信我們被愛。」感受到家人的照顧，告訴自己：無論日子有多苦，都有親情陪我走下去！內心勇氣倍增，轉個彎，從而坦然面對死亡！

一個轉彎，象徵成功到來。傅尼葉原是個出色的鋼琴家，卻因遭逢厄運，失去了部分肢體，但他轉一個彎改學大提琴，奏出了生命獨特的樂音；戴安娜．高登因癌症病魔的侵襲，讓她的「滑雪夢」慢慢破碎，但她轉個彎，將困難當作挑戰，化危機為契機，以毅力圓夢。遇到困頓，不要否定自己，轉一個彎，讓嶄新的思緒流動於心扉，告訴自己：冬天之後就是春季！繼而憑著希望豐富人生的每一個瞬間，活出精采！

轉彎，讓生命力流動於時間的荏苒；轉彎，讓希望突破困頓；轉彎，讓愛的溫情伴我走過人生；轉彎，讓成功的光輝照亮黑暗的路途。人生不是一條平滑直線，而是要有多之轉彎、跌起，才能顯現它的美好。這條路行不通，沒關係，轉彎再轉彎，從而瞧見那生命的曙光！

〈轉彎〉是二〇一二年全國語文競賽國中組第三名的作品，由心智圖可知，本文也是運用「段落標題法」，讓段意醒目突出。美中不足的是，第四段突然改為舉例，未能前後一致，實在可惜。然而瑕不掩瑜，內容豐富，敘述流暢，文采煥然，讓它仍能贏得評審青睞。如果能夠一氣呵成，以「段落標題法」貫穿各段，相信會有更耀眼的名次。

國中課本羅家倫的〈運動家的風度〉一文，也是運用「段落標題法」。作者認為有風度的運動家，需要具備四點，請看底下表格：

國中〈運動家的風度〉一文運用「段落標題法」一覽表

段落	內容
段落一	養成運動家的風度，首先要認識「君子之爭」。君子無所爭，必也射乎……。
段落二	有風度的運動家，要有服輸的精神。君子不怨天，不尤人……。
段落三	有風度的運動家，要有超越勝敗的心胸。來競爭當然要求勝利……。
段落四	有風度的運動家是「言必信，行必果」的人。運動會要舉行宣誓，義即在此……。

「君子之爭」、「服輸的精神」、「超越勝敗的心胸」、「言必信，行必果」分布在各段段首，讓讀者輕易接收各段主旨。

結尾標題　不同位置的段意

上面介紹的「段落標題法」屬於開頭式，既然有開頭式，當然就有結尾式。結尾式就是先敘述，段末再結論出段意。同樣以教育部寫作試題範例〈爭吵之後〉為例，可將前文改成如下，而表格內的第二、三、四段結尾的＿＿處，就是段意，這就是「結尾式」段落標題法。

首段	第二段	第三段	第四段	末段
人格特質不同，對事情的看法也會不同。再親密的家人，再要好的朋友，也難避爭吵。重要的是，爭吵之後，我們該有怎樣的應對？	有修養的人不輕易動怒……。所以，爭吵之後，我會檢討誰先動怒。	友情可貴，親情難再，爭吵之後，不管誰對誰錯，我都會主動伸出修復友誼的手，遞出友善的橄欖枝……。所以，爭吵之後，我會主動表示歉疚。	氣急容易敗壞，小不忍則亂大謀。若再遇到無法忍受的事情時，我會深呼吸，壓抑住自己的怒氣，以清醒理智的頭腦……。所以，爭吵之後，我會避免重蹈前車之鑑。	孔子的愛徒顏淵以「不貳過」聞名，見賢思齊，我要向他看齊，讓自己更加有修養，更加成熟，讓爭吵斷絕在我的生活中。

小試身手 1

寫作題目為教育部範例：〈在生命的最後一天〉。請以「結尾式」段落標題法，仿造〈爭吵之後〉，完成下文。

首　段：

第二段：

第三段：

第四段：

末　段：

參考答案

首　段：人生如戲，有呱呱墜地的喜悅開幕，就有哭天喊地的悲慘謝幕。生命無價，時間勝金，我要充分運用生命的最後一天，為人生畫下完美的句點，不留下任何的遺憾。

第二段：我喜愛唱歌和舞蹈……。在生命的最後一天，我要站在大舞臺上感受明星的榮耀。

第三段：相片是歲月足跡的印證……。在生命的最後一天，我要回顧所有相片。

第四段：幫助過我的親人和朋友，是我人生最大的資產……。在生命的最後一天，我要向所有關心我的人道謝。

末　段：最後的二十四小時，分秒必爭，我不願浪費時間睡覺，而是要認真地執行三大心願。臨終之際，我才能了無牽掛地閉上眼睛，離開這心愛的世界。

寫作題目分「單元論點」和「多元論點」。單元論點就是只有一個論點，以教育部寫作題目〈動人的笑〉為例，若是整篇都在描述「媽媽溫暖的笑」，就是「單元論點」；也可採用「多元論點」分段行文，例如以「爸爸慈祥的笑」、「媽媽溫暖的笑」、「老師關心的笑」三足鼎立。單元論點的優點是深入、細膩，比較具有感染力和說服力；多元論點的優點是取材廣泛，見多識廣，比較具有眼界和層面。兩者各有優點。

採用「多元論點」行文時，各段長度要盡量平均。必要時，要以「斷開魂結，斷開鎖鏈」的魄力和決心，斷開過長的段落，才不會造成「此長彼短」的現象。

小試身手 2

以教育範例〈獨處時〉為題，寫出三個段意論點。

論點一：

論點二：

論點三：

參考答案

論點一：翻閱珍藏相片，回顧親友過往點滴。

論點二：凝視牆上獎狀，肯定自己競爭能力。

論點三：盡情放聲高唱，紓解心中沉悶壓力。

天花亂墜

首段漂亮登場

在大型的高規格寫作比賽中，排比句型常常出現在作品首段，它以顯目的修辭法達到吸睛效果。這一回要介紹的文章開頭寫法叫做「天花亂墜法」，也屬排比句型。它的特色是前幾句的排比內容切合部分主題，最後一句排比內容則完全呼應主題，所以它屬於「冒題法」，也就是「埋兵伏將法」。以〈一份好禮物〉為題，請看首段範例：

每個人都曾收過禮物。漢代張良收到最好的禮物是「黃石公兵書」；麥克阿瑟給他兒子最好的禮物是「祈禱文」；「紙船」是洪醒夫一輩子念念不忘的禮物；而我收到的最好禮物是年前爸爸送給我的「手機」。

首段先由「黃石公兵書」、「祈禱文」、「紙船」三朵花打頭陣，最後一朵主角花「手機」再正式登場，這就是「天花亂墜」名稱的由來。

題目〈一份好禮物〉是「我收到最好的一份禮物」的縮寫。範例前三朵花都是他人的禮物，只切合「一份好禮物」；最後「我的手機」禮物，才完全符合「我收到最好的一份禮物」。

〈我最難忘的一件事〉

每個人都有難忘的事。洪醒夫最難忘的事，是小時候媽媽為他摺紙船；吳晟對媽媽辛苦耕作農事念念不忘；阿姨則對姨丈十年前求婚的事念茲在茲；而我最難忘的事情，就是媽媽吃西瓜的事了。

小時家境貧寒，偶然有顆大西瓜，我們小孩就會雀躍不已地圍著它猛流口水。由於沒有冰箱，媽媽總將西瓜擲入冰冷的大水缸浸泡。大熱天吃片抹上鹽巴的冰冷西瓜，真是最高享受，而母親習慣啃食我們吃過的西瓜殘皮，我問媽媽為何不愛吃紅肉？媽媽說：「西瓜皮比較好吃。」當時年幼不懂事，便信以為真地將全部西瓜青皮遞給母親。

我最難忘的一件事

第一段
1. 以天花亂墜手法行文
2. 先點出洪醒夫、吳晟和阿姨的難忘事，再寫出自己的難忘事

第二段
媽媽疼愛孩子，自己捨不得吃西瓜

第三段
為了西瓜，和生病的媽媽起爭執

第四段
看著供桌上的西瓜，想起天國的媽媽

▲〈我最難忘的一件事〉一文結構心智圖

幾年前母親中風失去行動能力，漸漸地神志不清，整日哭鬧不已，讓人精神緊繃。有一陣子嘴巴老唸著：「西瓜、西瓜……」然而，母親已失去飽足感功能，吃再多的西瓜都無法滿足。醫生警告我們：「再不節制，恐會引發糖尿病。」從此，我們母子的關係變得非常緊急，不是母親為了一片西瓜和我們怒目相向，就是我們板起臉孔，狠下心拒絕母親的索求。

去年母親節前後，媽媽離開我們去了天國。轉眼已過一年，望著供桌前的大西瓜，想起媽媽對著西瓜垂涎三尺的模樣。啊！我一輩子都忘不了我狠心從她手中暴力取走西瓜時，媽媽失望的神情。想到這裡，我不禁悲從中來：「媽媽！我好想您！」睹瓜思情，情何以堪！情何以堪！

範文所舉的「黃石公兵書」、「祈禱文」、「紙船」都是國中教材，前者是歷史，後者是國文課文。這現象說明只要能融會貫通，國中教材就有很多寫作素材。

「最」和「一」字常常出現在基測寫作或教育部的預試試題。這種有「一」和「最」字的題目，開頭最適合運用天花亂墜法，讓首段漂亮登場。

含有「一」和「最」字的歷屆基測寫作試題

二〇〇七年	夏天最棒的享受
二〇〇八年（第一次基測）	當一天的老師
二〇〇八年（第二次基測）	那一刻，真美
二〇一〇年	那一次，我自己做決定
二〇一一年	我在成長中逐漸明白的一件事
二〇一二年	影響生活的一項發明

含有「一」和「最」字的教育部基測寫作預試試題

一個屬於我的理想房間	一份特別的禮物
在生命的最後一天	影響我最深的一句話
我最喜歡的校園時刻	一次難忘的考試經驗
我最想完成的一件事	一張舊照片
我最快樂的事	我最喜愛的節日

國中教材〈紙船印象〉一文中，亦可見以「一年四季」結合「天花亂墜法」：

每個人的一生都會遭遇許多事……，有一些事，像夏日的小河、冬天的落葉，像春花，也像秋草，似無所見，又非視而不見……。

古今中外　素材俯拾即是

確定寫作題目的開頭適合「天花亂墜法」後，除了可運用「國中教材」外，也能以「古今中外」為線索，搜尋和題目相關的素材。以〈我最後悔的一件事〉題目為例，結合「古今中外」後，開頭可以如下：

每個人都做過後悔的事。項羽最後悔的事是，在鴻門宴上放走敵人劉邦（古）；葉少爺最後悔的事是，酒駕超速釀成傷亡車禍（今）；嫦娥最後悔的事是，偷吃仙藥而獨居月亮裡的廣寒宮（中）；北韓國防部長張成澤最後悔的事是，得罪領導人金正恩而慘遭殺害（外）；我最後悔的事是，未能及時抵達醫院見爺爺最後一面。

上文引用素材觸及「古今中外」，眼界甚廣，可展現出作者的博學多聞。

小試身手 1

請以〈我最得意的一件事〉為題目，以「天花亂墜法」結合「古今中外」素材，撰寫首段。

參考答案

每個人都有得意的事。三國孔明最得意的事是，在赤壁以寡擊退曹操大軍（古）；影星章子怡最得意的事是，贏得金馬獎影后寶座（今）；導演齊柏林最得意的事是，拍出發人深省的《看見臺灣》（中）；籃球巨星麥可・喬登最得意的事是，榮登美國史上最偉大的球員（外）；我最得意的事是，幼稚園時榮獲牙齒潔白比賽第一名。

博學廣記的學生可以靈活運用「古今中外」素材，然而，若是「寡學淺記」的學生，卻很可能引用錯誤而弄巧成拙。好比把「項羽打敗劉邦」寫成「項羽打敗劉備」，把「嫦娥住在廣寒宮」寫成「西施住在廣寒宮」，那就令人啼笑皆非了。

這時，就不要逞強運用「古今中外」素材，可改以「親朋好友」為題材。同樣以〈我最後悔的一件事〉題目為例，結合「親朋好友」後，開頭可以如下：

每個人都做過後悔的事。爸爸最後悔的事是，轎車忘記上鎖而失竊；媽媽最後悔的事是，簽錯一個號碼而痛失樂透頭獎；哥哥最後悔的事是，飆車車禍住院；我最後悔的事是，未能及時抵達醫院見爺爺最後一面。

運用「親朋好友」素材，雖然不能展現博學多聞，卻給人一種親切的味道，兩者各有優點。

小試身手 2

請以〈我最得意的一件事〉為題目，以「天花亂墜法」結合「親朋好友」素材，撰寫首段。

參考答案

每個人都有得意的事。爸爸最得意的事是，娶了媽媽當妻子；媽媽最得意的事是，選擇爸爸當老公；好友阿傑最得意的事是，國中三年保持全勤；我最得意的事是，幼稚園時榮獲牙齒潔白比賽第一名。

當然，「國中教材」、「古今中外」和「親朋好友」，這三種題材可交相運用。同樣以〈我最得意的一件事〉題目為例，結合上述三種，開頭可以如下：

每個人都有得意的事。杏林子最得意的事是，戰勝病魔寫出生命文章（國中教材）；墨西哥電訊大亨卡洛斯最得意的事是，連續四年蟬聯世界首富（古今中外）；弟弟最得意的事是，水果盤遊戲進入第三百五十關卡（親朋好友）；我最得意的事是，幼稚園時榮獲牙齒潔白比賽第一名。

不只「一」或「最」字的寫作題目適合「天花亂墜法」，許多沒有「一」和「最」字的寫作試題，如基測的〈來不及〉、〈常常，我想起那雙手〉等，「天花亂墜法」照樣可以派上用場。

第12回 型型色色

句型更有變化

每個人都有得意的事。爸爸最得意的事是，娶了媽媽當妻子；媽媽最得意的事是，選擇爸爸當老公；好友阿傑最得意的事是，國中三年保持全勤；我最得意的事是，幼稚園時榮獲牙齒潔白比賽第一名。

上文是之前介紹過的「天花亂墜法」，它的主角是「親朋好友」，有媽媽、爸爸和好友阿傑。但這只是「天花亂墜法」的基本盤，唸個兩次，就會覺得句型很單調。

舉「施老師是型男教師」一句為例，「施老師」是主語，「型男教師」是受語，它的句型順序是「先主語、後受語」。上文「○○最得意的事是，……；○○最得意的事是，……；○○最得意的事是，……」，全都是「先主語、後受語」。句型若是千篇一律，就無法引人入勝，只能引人入「睡」。本回介紹的「型型色色法」即在變化句型，讓句型「形形色色」，讓「天花亂墜法」更有可看性。

〈常常，我想起那張臉〉

每個人的心中都有一張難忘的臉孔。蒙娜麗莎微笑的臉孔，是達文西的最愛；姊姊念念不忘的臉孔，是男朋友俊俏的五官；岳飛怒髮衝冠的臉孔，是金人噩夢的來源；我最常想起的臉孔，是媽媽安息的容顏。

那年，媽媽靜靜的躺在透明的冷凍櫃裡，經過禮儀師巧妙的化妝後，媽媽的臉孔不再像住院時的痛苦扭曲，而是那麼的安詳，就像是睡著了一般。

我趴在冷凍櫃子上，隔著玻璃仔細端詳媽媽的長相。「飽滿的天庭，肉肉的臉頰，厚厚的粉底，塗紅的嘴脣，眼皮不見睫毛，短小的耳朵」，我的眼光來來回回逗留在媽媽臉孔的每一個部位。在這訣別之際，我要將她的容顏永遠烙印在我的腦海。

駐足臺中公園，看到在湖中泛舟的母子，我常常恍神，小時候媽媽也曾為我划槳，她的額頭布滿了汗水；經過車站旁的剉冰店門口，我會停下腳步，想起媽媽吃冰時緊皺眉頭的可笑表情；車過林口時，我會不自主的望向大醫院的十樓，在我車禍住院時，媽媽的眼睛總是充滿血絲，日夜不停照顧我。媽媽陪伴我數十年，生活裡處處有她的影子。媽媽往生後的一段日子，她的臉孔不住地在我腦海迴盪。印象中，媽媽從來沒有生氣過，那慈祥的臉孔給了我安定平穩的力量。媽媽的臉孔陪伴我各階段的成長，它在我的關鍵人生扮演了重要角色。

隨著歲月的流逝，媽媽往生前躺在冰櫃裡的最後臉孔，我感到漸漸模糊了，只得藉助侷促在大廳一隅的媽媽遺照，喚起對她的記憶。猶太俗諺：「上帝無法照顧每一個人，所以創造了母親。」我想，隱藏在臉孔背後的母愛光輝，才是令我久久無法忘懷的原因。

眼尖的同學會發現，範文首段的天花亂墜法句型有所不同，哪裡不一樣呢？它的主語和受語位置不同。請看下表：

首段「天化亂墜法」	主語受語順序
蒙娜麗莎微笑的臉孔，是達文西的最愛	先受語　後主語
姊姊念念不忘的臉孔，是男朋友俊俏的五官	先主語　後受語
岳飛怒髮衝冠的臉孔，是金人噩夢的來源	先受語　後主語
我最常想起的臉孔，是媽媽安息的容顏	先主語　後受語

主語和受語的位置稍微調換，句型就會有所變化，這種方法就叫做「型型色色」，它可為文章注入生氣，避免呆板。

小試身手 1

請將底下的短文，用「型型色色」法，調換主語和受語的位置。

每個人都有得意的事。爸爸最得意的事是，娶了媽媽當妻子；媽媽最得意的事是，選擇爸爸當老公；好友阿傑最得意的事是，國中三年保持全勤；我最得意的事是，幼稚園時榮獲牙齒潔白比賽第一名。

參考答案

每個人都有得意的事。爸爸最得意的事是，娶了媽媽當妻子；選擇爸爸當老公，是媽媽最得意的事；好友阿傑最得意的事是，國中三年保持全勤；幼稚園時榮獲牙齒潔白比賽第一名，是我最得意的事。

滿級分這樣寫

活化文句　省略呆板主語

國中語文常識四大基本句型

名稱	基本句型	舉例
敘事句	主語＋動詞＋受詞	施老師＋輔導＋學生課業
判斷句	主語＋動詞（是或非）＋受詞	施老師＋是＋一位好老師
有無句	主語＋動詞（有或無）＋受詞	施老師＋有＋教育熱忱
表態句	主語＋表語（沒有動詞）	施老師＋一表人才

依照國中教材語文常識，句型分為「敘事句」、「表態句」、「有無句」及「判斷句」四種，大部分國中生撰寫文章時，不用特別留意，字裡行間自有這四種句型。請看底下學生作品：

我天生運動細胞很差（表態句），我不喜歡看運動節目（敘事句），我也沒有任何運動器材（有無句），我簡直是運動白痴（判斷句）。

上文雖然涵蓋四大句型，但仍嫌單調乏味，因為「我」字出現過於頻繁了。「我天生……我不喜歡……我也沒有……我簡直是……」，四個句子四個「我」字，令人想掩卷趴睡。這時，可考慮省略幾個「我」字。要省略「我」字，文句就得有所調整。請看底下省略兩個「我」字後的文句：

1. 我天生運動細胞很差，不喜歡看運動節目，也沒有任何運動器材，我簡直是運動白痴。
2. 天生運動細胞很差的我，不喜歡看運動節目，也沒有任何運動器材，我簡直是運動白痴。

再看省略三個「我」字後的文句：

1. 天生運動細胞很差的我，既不喜歡看運動節目，也沒有任何運動器材，簡直是運動白痴。
2. 我天生運動細胞很差，既不喜歡看運動節目，也沒有任何運動器材，簡直是運動白痴。

這樣一改，就比「我天生……我不喜歡……我也沒有……我簡直是……」好多了。下回同學撰寫類似文章時，可用這個方法，讓句型更有變化。

小試身手 2

底下短文有五個「我」字，盡可能省略「我」字後，寫出句子。

今天我在西門町遇到愛玩客的主持人惟毅，我看到他那可愛又帥氣的臉，我的心就七上八下，我就想和他合照，我就拿出數位相機。

參考答案1

只剩兩個「我」字：

今天我在西門町遇到愛玩客的主持人惟毅，一看到他那可愛又帥氣的臉，我的心就七上八下，連忙取出數位相機，準備和他合照。

參考答案2

只剩一個「我」字：

今天在西門町遇到愛玩客的主持人惟毅，一看到他那可愛又帥氣的臉，我的心就七上八下，連忙取出數位相機，準備和他合照。

請以〈我最糗的一件事〉為題，運用「天花亂墜法」和「型型色色法」，撰寫首段。

糗事，大家都做過。爸爸最糗的事是，褲子忘記拉上拉鍊；炒菜時把可樂當成醬油，是媽媽最糗的事；唸小四弟弟最糗的事是，睡覺時尿床；體育課的羽毛球拍錯帶成電蚊拍，則是我最糗的事了。

殊辭同歸 文章更見文采

三隻小豬的故事大家都知道，如果這種理由就可算成語，那麼七匹狼的故事大家都知道，十二生肖的故事大家都知道，那也算成語了。

短文中，「大家都知道」出現了三次，令人有用詞單調貧乏之感。如果改由同義詞「耳熟能詳」、「無人不知」替代，則文章就有變化。修改後變成——

三隻小豬的故事大家都知道，如果這種理由就可算成語，那麼七匹狼的故事也是耳熟能詳，十二生肖的故事更是無人不知，那也算成語了。

「耳熟能詳」、「無人不知」，文辭雖然不同，意思卻是類似，這種以類似詞語豐富文章的方法叫「殊辭同歸法」。它可展現作者在詞彙上的飽學，讓文章更具變化和內涵。

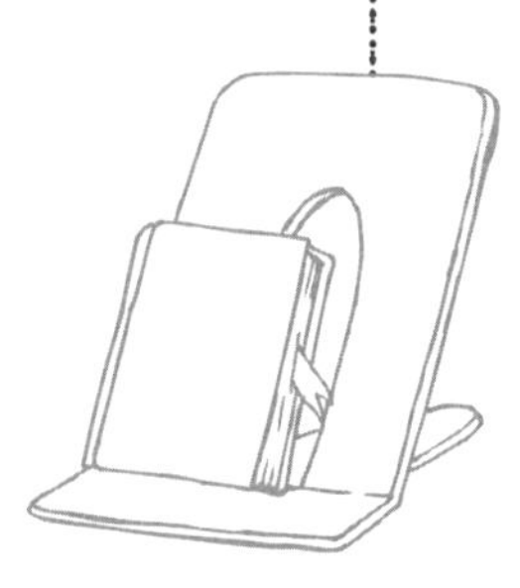

〈我最得意的一件事〉

媽媽最引以為傲的事是，在菜市場殺價得手；哥哥最自豪的事是，校花成為他的女友；半澤直樹最驕傲的事是，加倍奉還上司的不法；而我最得意的事是——減肥成功。

小學時，蛋糕、巧克力來者不拒，我很快就贏得「小腹翁」這個綽號；上了國中，課業壓力大，飲食習慣不變，運動量卻變少，很快地我就升格當起「大腹翁」。「大腹翁」還算好聽，其他一些足以毀滅自尊心的外號，我就不提了。

那日，為了求得心安，我來到游泳池畔，就在

我最得意的一件事

第一段
簡單敘述他人和我的得意事

第二段
肥胖帶來的痛苦

第三段
敘述減肥的動機

第四段
提出減肥的方法

第五段
減肥後，贏得眾人的讚美

第六段
再次點出得意事是減肥

▲〈我最得意的一件事〉一文結構心智圖

更衣室裡撞見「胖是健康的殺手，懶是肥胖的來源」的標語，我嘴巴反覆默唸著。「啊！我的標準體重應是六十公斤。」當看到標語旁邊的「標準身高體重表」時，我沉思許久，突然靈光乍現：「舜，何人也；禹，何人也；有為者亦若是。減去十八公斤應該不難。」當下我決定不再讓身材任意頹廢下去。

從此，平淡無味的白開水替代我最喜愛的珍珠奶茶，紅豆餅等零嘴點心更是不敢碰觸，看到「炸雞」兩個字，感覺就犯罪了。每日定時量秤體重，並做記錄警惕自己。放學後不再黏在沙發椅上看電視，而是改以游泳。飲食、運動雙管齊下，我的身材有了驚人的變化。不到半年，我就達到目標，加入「有為者」的會員了。

「哇！你的身材真好，未來可以當麻豆喔！」我最喜歡聽到別人發出這樣的驚嘆聲了。朋友羨慕之餘，偶爾有人想「見賢思齊」，我當然樂於分享經驗。「減肥經」一開講，我說得眉飛色舞，朋友聽得如痴如醉，並不時發出「有恆心」、「好方法」等讚美聲。

打開衣櫃，減肥前的寬鬆褲子已經被我丟棄一旁，摸摸減肥後新買的合身衣服，我不禁再次露出得意的笑容，心想：「這麼艱鉅的減肥任務我都能完成了，天下還有啥事辦不到呢？」

〈我最得意的一件事〉一文首段，分別出現「引以為傲」、「自豪」、「驕傲」都是接近「得意」的意思，運用的也是「殊辭同歸法」，讓人感到文章很有變化。若是全部寫成「得意」，文章就會單調枯燥而得意不起來了。

國中課文運用殊辭同歸法舉例

篇名	文句	說明
世說新語〈鍾家兄弟巧應答〉	「戰戰惶惶，汗出如漿」。「戰戰慄慄，汗不敢出」。	「惶惶」及「慄慄」皆是「發抖恐懼的樣子」。
翁森〈四時讀書樂〉	「讀書之樂樂何如」、「讀書之樂樂無窮」、「讀書之樂樂陶陶」、「讀書之樂何處尋」。	「樂何如」、「樂無窮」、「樂陶陶」、「何處尋」皆是「樂趣無窮」之意。
彭端淑〈為學一首示子姪〉	吾資之昏，不逮人也；吾材之庸，不逮人也。吾資之聰，倍人也；吾材之敏，倍人也。	「昏」、「庸」都是愚鈍的意思；「聰」、「敏」都是領悟力高的意思。

滿級分這樣寫

閱讀加背誦　增進辭彙實力

原文	基礎版殊辭同歸
雖然手指頭受傷流血了，可是他仍然投出每一粒好球；雖然最後敗給對方，可是大家對他的表現讚賞有加。	雖然手指頭受傷流血了，可是他仍然投出每一粒好球；縱然最後敗給對方，但是大家對他的表現讚賞有加。

上面是基礎版的殊辭同歸法，「可是」改成「但是」，「雖然」改成「縱然」，只更改一字，文章就有不一樣的風貌。

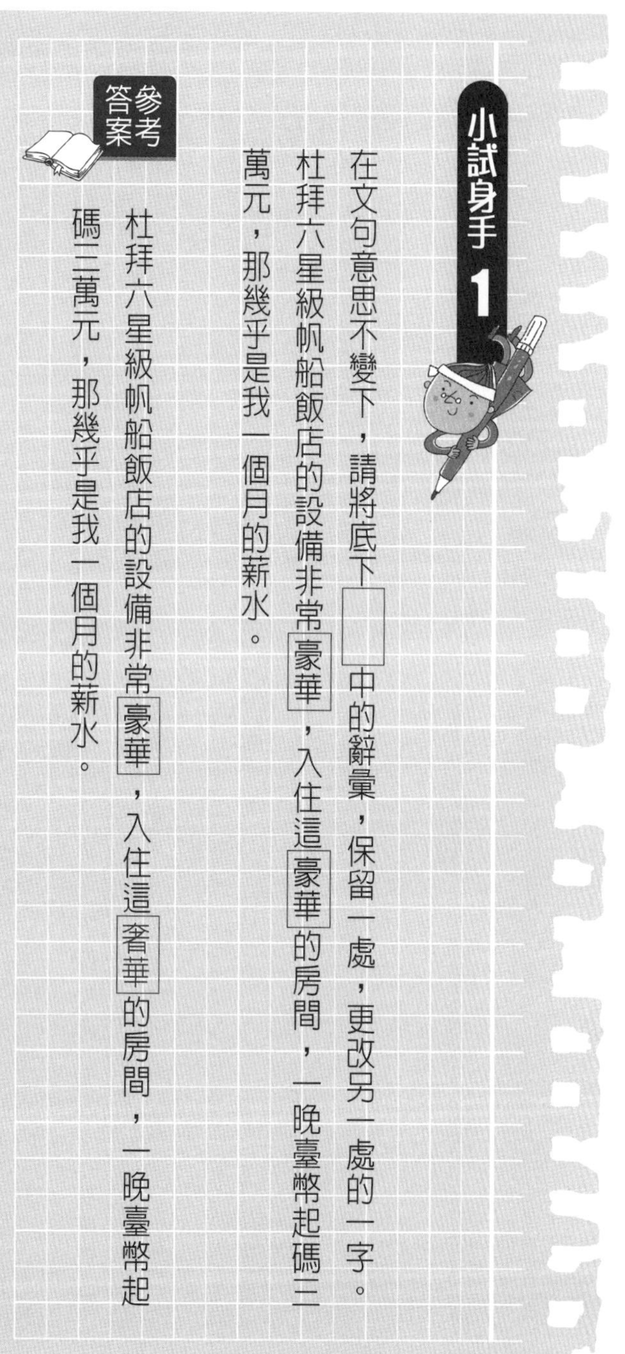

小試身手 1

在文句意思不變下，請將底下□中的辭彙，保留一處，更改另一處的一字。

杜拜六星級帆船飯店的設備非常豪華，入住這豪華的房間，一晚臺幣起碼三萬元，那幾乎是我一個月的薪水。

參考答案

杜拜六星級帆船飯店的設備非常豪華，入住這奢華的房間，一晚臺幣起碼三萬元，那幾乎是我一個月的薪水。

當然，也可以不保留任何字，而以新詞替代，這是進階版的殊辭同歸。請參考下列表格：

原文	進階版殊辭同歸
這部電影的劇情非常枯燥，容易引人入「睡」。對話內容也很枯燥，果然很多人就打起呼來了。還虧它得過獎，真是「百聞不如一見，見了不如百聞就好。」	這部電影的劇情非常枯燥，容易引人入「睡」，對話內容也很無聊，果然很多人就打起呼來了。還虧它得過獎，真是「百聞不如一見，見了不如百聞就好。」

「枯燥」由新詞「無聊」二字替代，是為進階版的殊辭同歸法。

小試身手 2

在文句意思不變下，請將底下□中的辭彙，保留一處，其他處文字全部更改。

面對不做打掃工作的學生，老師拿著抹布，氣得好像快抓狂了，他的眼睛好像一座火山，好像就要爆發出來了。

參考答案

面對不做打掃工作的學生，老師拿著抹布，氣得好像快抓狂了，他的眼睛彷彿一座火山，似乎就要爆發出來了。

「不會不安」就是「放心」，「不自在」就是「尷尬」，有時「否定詞語」可用「肯定詞語」替代，也可達到相同效果。例如：

我姑姑都住在國外，沒有常來看我，我對她很陌生。我生日那天，她竟然從國外回來幫我慶生，並送給我一支手機。以後我們就常用手機視訊，我和姑姑就比較不會陌生了。

「不會陌生」四字可用肯定的「熟悉」、「熟稔」、「親近」替代。

小試身手 3

在文句意思不變下，請將底下□中的辭彙，保留一處，另一處用肯定語氣更改。

1. 那次我提早排隊買票，終於搶到演唱會前面的位置，真是不虛此行呀！以後如果有類似這樣的演唱會，我還要坐在第一排，這樣才不虛此行呀！

2. 這就是我收到過最好的禮物，如果我有一點點好脾氣，如果我有一點點懂得原諒別人，我都要感謝老師送給我的這一本書。我會將它放在我的書桌上面，一輩子記住這件有意義的禮物，老師對我的照顧我也會記住。

參考答案

1.「不虛此行」可用「物超所值」、「值回票價」替代。

2.「記住」可用「永遠不忘」、「沒齒難忘」替代。

〈「蒜」帳〉

殊辭同歸範文賞析

「敝」伉儷都是資深的「蒜頭族」，沒有蒜頭佐餐，任何山珍海味都無法入口，愛戀蒜頭之程度，已到「不能一餐無此君」的地步。特別是風華絕代的施夫人，她迷戀蒜頭已經無人能敵。她常說：「相信蒜頭的效用要到迷信的地步，服從蒜頭的美味要到盲從的地步。」

那晚深夜，敝伉儷嘴饞，驅車前往知名水餃店，水餃尚未端上桌，施夫人已經剝好數粒蒜頭以待。等到用餐完畢，已經「蒜」不清到底水餃和蒜頭，哪一個吃得比較多？結帳時，櫃檯小姐皺著眉頭，有意無意地和我們的嘴巴保持距離。

下著小雨開車回家的路上，施夫人開始打嗝，我幾乎可聞到那發自內臟、令人作嘔的蒜臭味。突然，前面燈光一晃，原來是酒測臨檢，停車後警察示意我搖下窗戶，他伸頭入窗，鼻子尚未湊過來，就「啊！」的一聲倒退三步，揮手示意我趕快離開，我隱約聽到他對同仁抱怨：「嘴巴臭死了，都是臭蒜味。」

我和施夫人對看一眼，感到又氣又好笑。離去沒多久，前面又是燈光一亮，嘿！今晚怎麼這麼多酒測臨檢，停車後，警察一樣示意我拉下窗戶。有了前車之鑑，我閉窗不開，請施夫人趕快取出消除口臭的口香糖，施夫人手忙腳亂後，從皮包裡找出兩粒，迅速塞入我的嘴內，我快速咀嚼起來。這時我才緩緩搖下窗戶，警察大人喝問：「為什麼這麼久才打開窗戶？你剛剛吞下什麼東西？」他不聽我的解釋，硬是「請」我回警局，我這一筆「蒜」帳，竟然從「酒測」升級為「毒測」。

「吃大蒜要適量、要適量、要適量」，離開時，警察一再叮嚀。

「警察大人有講，我有在聽、有在聽、有在聽」，我保證以後會改進。

註：本文多處運用「殊辭同歸法」，如愛戀和迷戀、驅車和開車、一晃和一亮、離開和離去、搖下和拉下、迅速和快速。

「殊辭同歸法」要能運用自如，平日就得閱讀和背誦。此外，坊間也有寫作辭彙專書，它是增進自己辭彙實力的捷徑。

第14回 例不虛發
論說文利器

文章內容要豐富，基本上長度要夠。記敘文因為描述人、事、物的過程就占去了大半篇幅，所以文章容易有「分量」。論說文則不然，要表達的論點往往三言兩語就能將道理寫完，特別是國中生，論理能力薄弱，一篇論說文往往寫不到一百個字就交差了事。例如〈談髮禁〉一文，大部分的學生都反對髮禁，「髮禁違反人權」、「髮禁違反審美觀」等論點寫完後，就以「一段式寫作法」上呈給教師批閱。

論說文篇幅不夠長，怎麼辦呢？最好的方法就是「舉例」，請看範文。

參考範文

〈以身作則〉　臺北市立明湖國中　余仁傑

所謂「以身作則」是說，領導者本人要做好的模範，給下面的人作為模仿準則，不能只在嘴巴講，而是要親自去做。有一句話說：「刮別人鬍子之前，要先將自己的鬍子刮乾淨」，自己事情都做不好了，就沒有資格要求別人跟著做，「上梁不正下梁歪」就是這個道理。所以，以身作則是很重要的。

唐朝有一位懷海和尚，他創立了百丈清規，其中有一條規定「每個人每天都要親自掃地才能吃飯。」他自己以身作則，徒弟都跟著掃完地才吃飯。有一次徒弟可憐老師年紀大，就替他掃地，他竟然生氣到不吃飯，從此他的徒弟更加信服懷海和尚。像我的男導師，開學的時候告訴我們：「雖

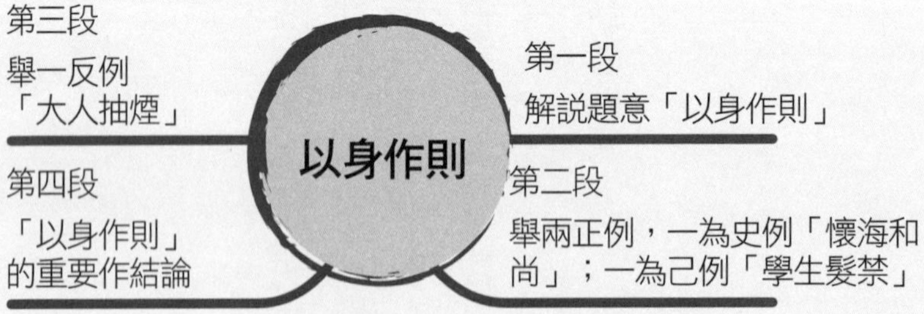

第三段
舉一反例
「大人抽煙」

第一段
解說題意「以身作則」

以身作則

第四段
「以身作則」
的重要作結論

第二段
舉兩正例，一為史例「懷海和尚」；一為己例「學生髮禁」

▲〈以身作則〉一文結構心智圖

然髮禁沒有了，希望大家能夠不燙不染。」我們全班都很配合導師的要求，因為導師本身的頭髮也是不燙不染。因為他以身作則，所以我們都心服口服。以上就是以身作則的好處。

有一次，我爸爸的朋友到我家作客，吃飽飯後那位客人就對我訓話：「國中生不要抽煙，對身體不好，而且又不會賺錢。」我又沒抽煙，他憑什麼訓我？他講話的時候，嘴巴裡面還叼著一根香煙，而且發出香煙的口臭味。他媽的，他算哪一顆大蒜？自己抽煙還叫別人不要抽，抽煙只對國中生的身體不好，對他就沒有影響嗎？難怪他的兩個小孩都抽煙。以上就是沒有以身作則的壞處。

長輩要求晚輩做事，一定要以身作則，才能讓晚輩心服口服。如果長輩以身作「賊」，他的口才再怎麼厲害都沒有用。所以囉！長大後我會是個以身作則的好爸爸，國文老師你等著看好了。

〈以身作則〉一文雖然欠缺文采，舉例卻是值得學習。由心智圖可知，他舉兩個正例和一個反例，不僅讓論說文篇幅加長，更能印證提出的理論，讓文章更有說服力。

國中「論說文」課文舉例

國中課文篇目	論點	舉例
你自己決定吧	負責	搬家整理物品
飲水思源	感恩	老人尋找水源
謝天	感恩	1. 祖母晚餐 2. 愛因斯坦功成不居
習慣說	習慣	書房地板凹凸

滿級分這樣寫

史例、時例、己例　例例好素材

一般而言，舉例可分為底下三種：

一、史例：

「歷史例」的簡稱。顧名思義，就是搬出歷史上知名人物的例子來印證自己的理論，如果舉的是古聖先賢的話，那就更具有不容置疑的公信力了。公信力會產生說服力，而說服力之薄弱，正是論說文成敗的關鍵。如晉代「陶侃搬磚」的故事，就可作為和「勤勞」相關題目的例子。

同學平時接觸的成語，很多都有故事性，它們都是史例的好素材。

語文常識讀一讀

陶侃搬磚

陶侃，東晉名臣。陶侃立有戰功，因故被降調偏僻地區。在偏僻地區時，每天一大早，他就把一百塊磚從書房裡搬到房外。到了晚上，再把磚搬回屋內。人們覺得很奇怪，便問他原因。

陶侃回答說：「我擔心生活若是過於安逸，會導致意志消沉，所以藉由搬磚來磨練意志。」後人稱他為「搬磚翁」。

二、時例：

「時事例」的簡稱。舉凡最近發生的新聞大事，諸如「政治」、「經濟」、「宗教」、

「社會」、「交通」、「消費」等，都可舉例入文。時例給人一種掌握資訊、關心時事的好印象。例如「克里米亞」事件可作為「自由」題目的舉例；寫「國家」時，可舉「雷神巧克力」之例——

雷神巧克力：源自日本，近日在臺灣暴紅，引來不少臺灣人前往日本掃貨，尤其受年輕女性歡迎。

三、己例：

又叫「本身例」，就是將自己的生活例子寫入文章。因為是作者本人的親身經驗，所以給人一種親切感，很容易拉近和讀者的距離；因為是作者的私事，所以最具新鮮感，最能引人入勝；事件主角就是作者，所以也最具真實感。例如家裡若有遭竊的慘痛經驗，就可寫入「守望相助」一類的題目。

正反例雙管齊下

舉例又分正例和反例。一般來講，論說文的寫法可依照「解說題意」、「舉正例」、「舉反例」、「感想」四種架構布局，範文〈以身作則〉就是。

正例是指正面加強論點，如〈以身作則〉範文運用「懷海和尚」和「導師髮禁」；反例是藉負面例子襯托出論點的重要，如〈以身作則〉範文所舉「長輩抽煙」例子，即是用以身作「賊」反襯出以身作「則」的重要。若能同時舉出正反例，文章將更圓融，更有深度，當然，連篇幅的長度問題都一併解決了。

「例子」的蒐集得靠平常的大量閱讀，可以的話，最好記下主角名字、年代、地點等，以提高例子的可信度及真實性。如果時間有限，坊間有專門蒐集寫作例子的參考書，它可作為「舉例」的準備捷徑。

另外，舉例不要老套，像「龜兔賽跑」、「國父革命」等老掉牙故事就免了吧！把握以上幾個原則，就能「例」不虛發，就能例例中靶心，「高分」在望了。

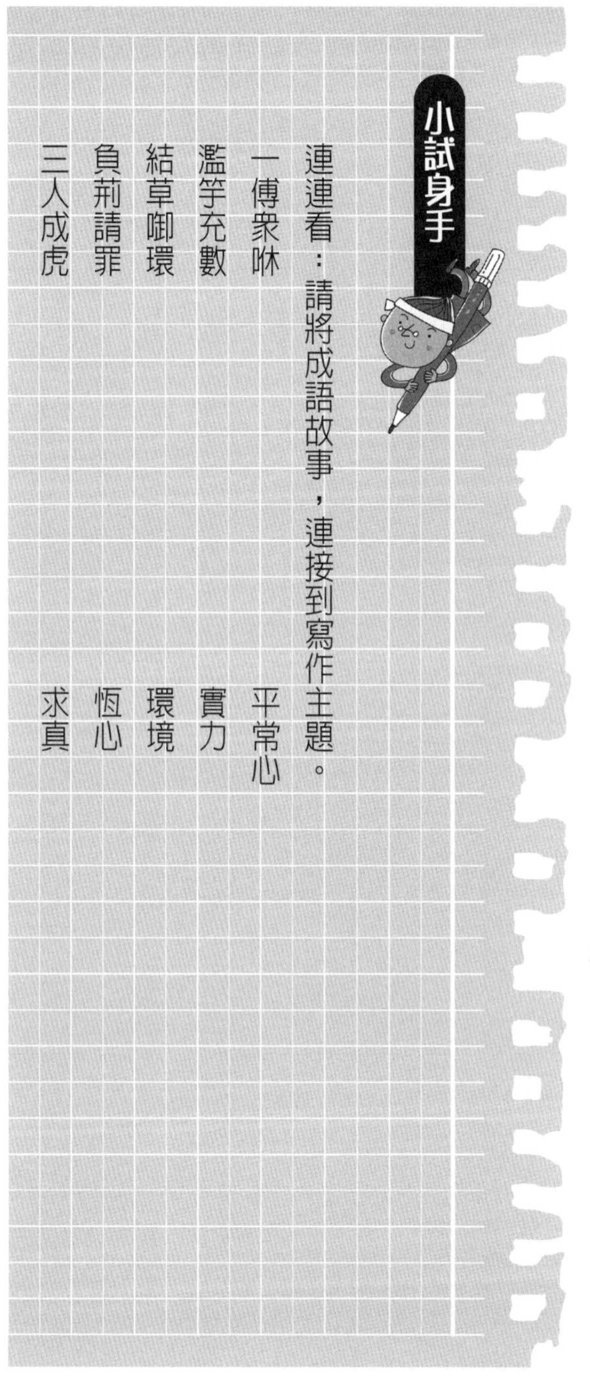

小試身手

連連看：請將成語故事，連接到寫作主題。

一傳衆咻	平常心
濫竽充數	實力
結草啣環	環境
負荊請罪	恆心
三人成虎	求真

一曝十寒　感恩

塞翁失馬　改過

參考答案

成語	連線對應
一傳衆咻	環境
濫竽充數	實力
結草啣環	感恩
負荊請罪	改過
三人成虎	求真
一曝十寒	恆心
塞翁失馬	平常心

（下列：平常心　實力　環境　恆心　求真　感恩　改過）

第15回 角色扮演
讓內容更加豐富

許多高規格的大型作文比賽，偏愛字數短少的題目，如「橋」、「窗」、「蠟燭」、「燈塔」、「鏡子」等，這些物品都是人們日常生活的好幫手。但是，若用它們作為寫作題目，則有「字面上」和「字面下」兩種意義，「字面上」就是物品的有形意義，「字面下」就是物品的隱藏意義。

以「橋」為例，字面上看來，它是跨越河流、聯絡溝通兩地的交通建設，但再推敲下去，人們相處不也是靠「聯絡溝通」嗎？於是「橋」就從有形的「道路聯絡」意義，變成「人際聯絡」的隱藏意義了，「溝通」兩字正是「橋」的真正涵義。

所以，有形「橋」的功能宜輕描淡寫，重點在於寫出：哪些人或物也像橋一樣具有溝通功能。如果未能寫到這一層，只在有形的橋上打轉，那麼寫作格局就會變得很狹隘。

通常，這類題目的寫法可採取底下幾個步驟：一、首段：寫出題目的有形功能。二、次段：題目的隱藏意義（角色扮演一），並舉生活例。三、第三段：題目的隱藏意義（角色扮演二），並舉生活例。四、末段：感謝並回饋。

〈橋〉　臺北市信義國中七年級林念丘

橋是溝通兩地的管道。沒有它，我們無法看到更多山明水秀的景色；沒有它，我們無法抵達另外一個都市；沒有它，我們享用不到生長在河另一岸的水果。橋，就像小螺絲釘。沒有橋，世界這部大機器就無法運轉。在我的日常生活中，也有許多人扮演著橋梁的角色。

媽媽就是一座橋，這座橋陪我度過童年、幼稚園、國小，來到現在的國中，當我在橋的這一頭傷心落淚的時候，它說：「我的另一頭是喜悅和樂。」記得那年，爸爸突然離開我們，到了另外一個世界，這突如其來的打擊，讓我心情低落，整天悶悶不樂，幸虧我還有媽媽這座橋，經過她不斷地開導溝通，我封閉的心靈才能再次敞開。藉著媽媽這座橋

第三段
老師像橋，並舉生活例

橋

第一段
橋的有形功能

第四段
感謝處處可見的橋梁

第二段
媽媽像橋，並舉生活例

▲〈橋〉一文結構心智圖

的幫助，我平安健康地長大了。

老師也是一座橋，當我在橋的這一頭忙於枯燥的升學課業時，它說：「我的另一頭有著有趣的課外知識。」國中課業壓力大，常讓人喘不過氣，一道三角函數題目，就讓我頭昏腦脹，百思不得答案；十個英文單字，就讓我背得昏昏沉沉。當我眼中只有課本知識時，幸虧有老師這座橋梁，經過他不斷地介紹溝通，我才知道《獵命師傳奇》是九把刀的著作，並閱讀了美國作家丹・布朗的《達文西密碼》。藉著老師這座橋的幫助，我的視野觸角更深更廣了。

電燈也是橋，讓我們走出黑暗，邁向光明；文字也是橋，讓我們走出野蠻，邁向文明。還有電腦、雨水、微風、朋友、飛機……也是，不管是有形還是無形，它們都扮演起溝通的橋梁，提供人們方便和前進，當我們在享用它們的時候，是否應該帶著感恩的心呢？而我也期盼著自己，他日也能成為一座橋，為臺灣盡一份棉薄之力。

由心智圖可知，範文作者在首段交代完橋的有形功能後，二、三段都是角色扮演，分別將媽媽和老師比喻成橋，並舉生活例子印證，真正掌握到題目的意涵。末段除常見的感恩手法外，「而我也期盼著自己，他日也能成為一座橋，為臺灣盡一份棉薄之力」一句，則為回饋手法（詳見第145頁第16回）。

這類型的題目宜採用多種角色扮演，本文除媽媽和老師兩種角色外，末段提及的「電燈、文字、電腦、雨水、微風、朋友、飛機」等，若不限篇幅字數，都可像媽媽和老師一樣，分段撰寫，那就是一篇內容豐富，具有廣度和深度的文章了。

親人師長　角色扮演好人選

要挑選角色扮演，彼此得先有共同特質。範文將媽媽和老師比喻成「橋」，就是因為兩人和橋都有「溝通」特質，範文是這樣寫著：

媽媽像橋，藉著媽媽這座橋的幫助，我由封閉變成開朗了。

老師像橋，藉著老師這座橋的幫助，我的視野觸角更深更廣了。

媽媽和老師都是日常生活中，最親近也最關心同學的人。在挑選類似題目的角色時，他們幾乎都可粉墨登場。如果題目是燈塔，燈塔的主要功能是「指引」，想一想，媽媽和老師是否也有指引的特質呢？

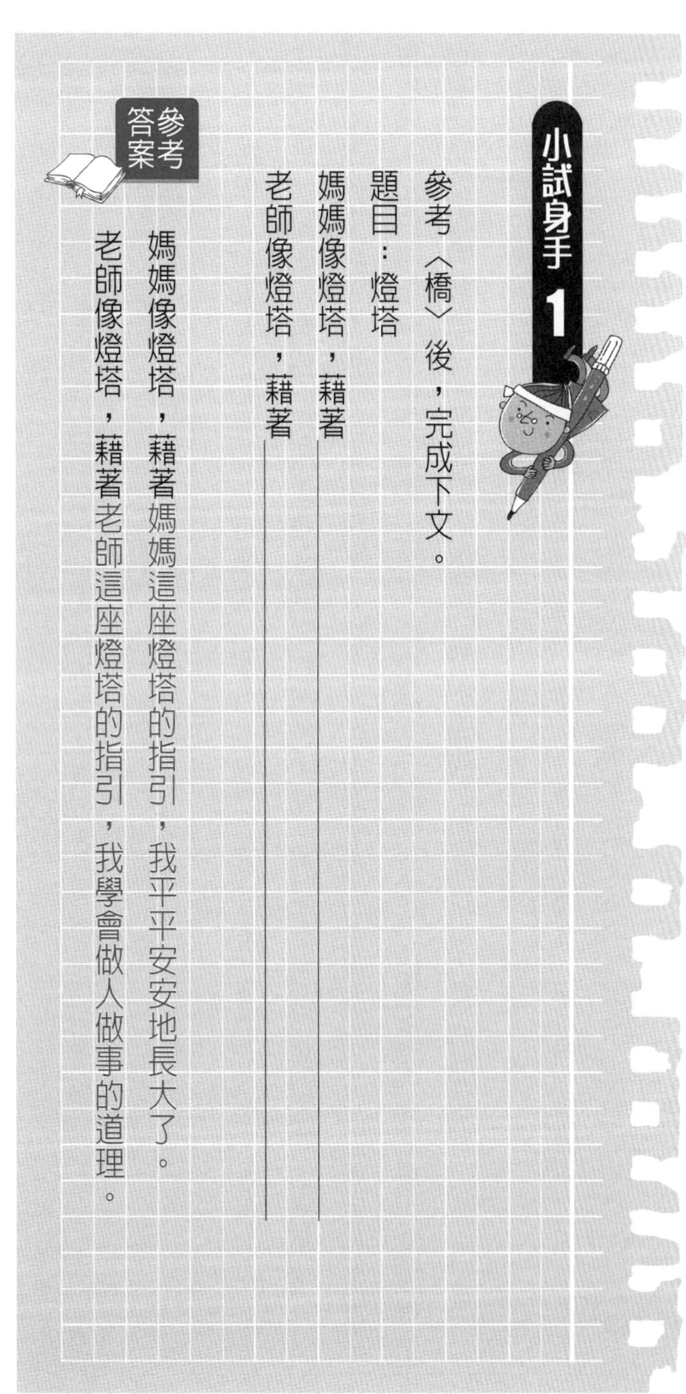
小試身手 1
參考〈橋〉後，完成下文。
題目：燈塔
媽媽像燈塔，藉著
老師像燈塔，藉著
參考答案
媽媽像燈塔，藉著媽媽這座燈塔的指引，我平平安安地長大了。
老師像燈塔，藉著老師這座燈塔的指引，我學會做人做事的道理。

媽媽（老師）的譬喻

譬喻	說明
媽媽（老師）像星光	當我失落徬徨時，她帶給我希望。
媽媽（老師）像太陽	當我孤單落寞時，她帶給我溫暖。
媽媽（老師）像海洋	當我使壞任性時，她包容我的無理取鬧。
媽媽（老師）像菩薩	當我脾氣失控時，她心平氣和地規勸我。
媽媽（老師）像蠟燭	她總是燃燒自己，照亮我的未來。
媽媽（老師）像鏡子	當我犯規時，她讓我知道錯在哪裡？

媽媽和老師是屬於身邊人物的譬喻，當然，我們也可以藉助歷史人物，如國中課文〈晏子使楚〉一文中，齊國的嘴砲王晏子到楚國擔任大使，晏子就是齊楚兩國的溝通橋梁。又如清末嚴復先生翻譯英國的《天演論》，嚴復就是中西文化的溝通橋梁。又如義大利探險家馬可波羅，藉由所著《馬可波羅遊記》，將中國（元代）文化介紹到義大利，馬可波羅就是中義兩國文化的溝通橋梁。要能舉出這樣的歷史人物，得靠日常大量的閱讀。

想一想：晏子、嚴復和馬可波羅，能不能也譬喻成燈塔、蠟燭、窗呢？

在〈橋〉一文末段，作者還提及電燈、文字、電腦、雨水、微風、飛機……都是橋梁，則屬於事物的譬喻。作者這樣寫：

電燈也是橋，讓我們走出黑暗，邁向光明；文字也是橋，讓我們走出野蠻，邁向文明。

這兩句都是段意，後面都可舉例印證，讓它成為一個完整的段落。範文譬喻媽媽是橋後，舉例「爸爸突然離去」一事；譬喻老師是橋後，舉例「國中課業壓力」，都是採取舉例印證的手法。

小試身手 2

請完成底下空白處：

譬　喻	舉例印證
微笑是橋	哥哥陽光般的微笑，擄獲了女友的芳心……，微笑成了兩人增進感情的橋梁。
電腦是橋	
飛機是橋	

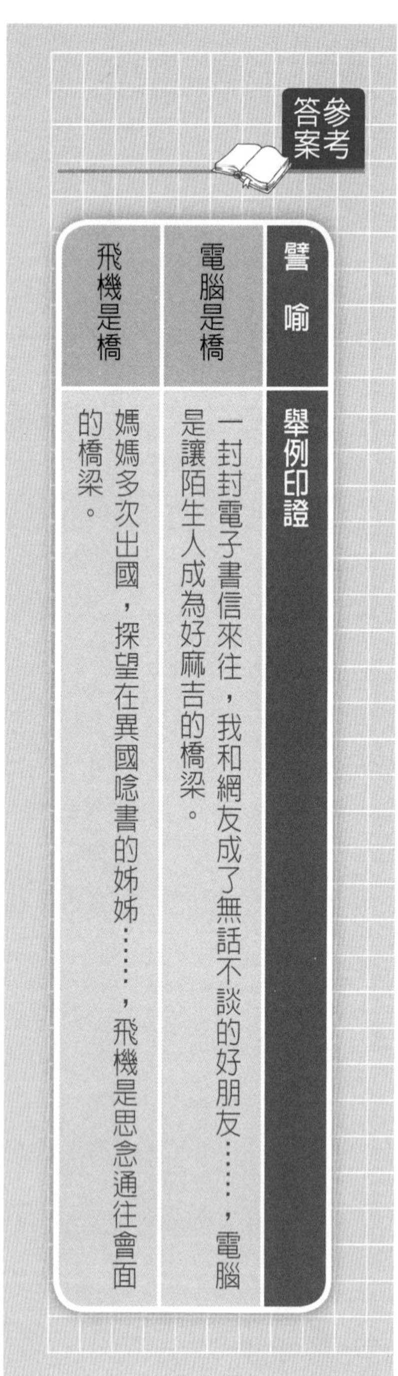

參考答案

譬喻	舉例印證
電腦是橋	一封封電子書信來往，我和網友成了無話不談的好朋友……，電腦是讓陌生人成為好麻吉的橋梁。
飛機是橋	媽媽多次出國，探望在異國唸書的姊姊……，飛機是思念通往會面的橋梁。

第16回 回饋手法
結尾變成雙向道

「一份好禮物」、「影響我最深的一句話」、「生命中的貴人」、「一場及時雨」等，都是常見的寫作題目，這些題目的共同特色就是寫出自己獲得他人的幫助，因而受益無窮。不論是獲得一份好禮物或是一句話，不論是獲得貴人幫助或是及時雨救援，都只是單方面受到利益而已。此時，可運用「回饋手法」作結尾，讓文章從單行道的接受，變成雙向道的回饋。

回饋手法就是，你收到甚麼好處，他日回饋給別人；你受到怎樣的幫助，改天加倍奉還他人。

〈影響我最深的一句話〉

範文參考

我的個性喜歡追根究柢，發覺對方錯誤後，就會得理不饒人。如果對方再不認錯，我就會氣得和他絕交。我常常為了芝麻小事，和同學爭得死去活來，有時說不過別人，自己就生好幾天的悶氣。

「長城萬里今猶在，不見當年秦始皇」，它張貼在一家麵食小吃店的牆壁上。那天晚上，我就坐在它的對面享用晚餐，瀏覽了好幾回，文章大意是勸人不用斤斤計較，當年秦始皇建造萬里長城，如今長城依舊，而秦始皇卻已經不在人間了。換句話說，人生在世，「生不帶來、死不帶去」，所以就不用太計較了。

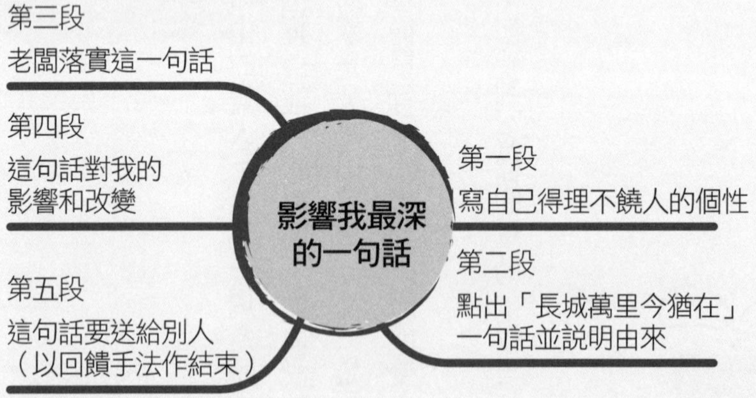

第三段
老闆落實這一句話

第四段
這句話對我的影響和改變

影響我最深的一句話

第一段
寫自己得理不饒人的個性

第二段
點出「長城萬里今猶在」一句話並說明由來

第五段
這句話要送給別人（以回饋手法作結束）

▲〈影響我最深的一句話〉一文結構心智圖

我正在咀嚼這句話的意思時，突然聽到有客人大喊：「我明明給你一千元，你怎麼找我這麼少錢？」老闆口氣溫和地回答：「先生，我的收銀機裡沒有一千塊大鈔，您要不要再確定一下？」「我還會弄錯嗎？」客人氣急敗壞地吼叫著。「可能是我搞錯了，對不起。」老闆頻頻向他道歉，退錢了事，才平息客人的怒火。老闆這種「不計較」的寬大胸懷，當場震撼了我。望著牆壁上的「長城萬里今猶在，不見當年秦始皇」，這位老闆真正落實了。

我想，我要是那位老闆，一定會和那客人大戰三百回合，即使打架或上法院都無所謂。回家後我上網查詢這句話的典故，原詩是「何事紛爭一角牆，讓他幾尺也無妨，長城萬里今猶在，不見當年秦始皇。」嗯，寫得真好，我將它列印出來，掛在書房牆壁上。現在，我只要受了委屈，便會輕聲反覆唸個幾次，頓時就會感到雲淡風輕，敵人不再那麼令人憎恨了。

這就是影響我最深的一句話，它讓我受用無窮。以後，若遇到和我一樣愛計較的人，我都要將這句話送給他，讓這句好話能影響更多的人，幫助更多的朋友。

由心智圖可知，作者在末段運用了「回饋手法」。「長城萬里今猶在，不見當年秦始皇」是影響作者最深的一句話，這句話的受益者原本只有作者一人，這是單行道的受益；透過「回饋手法」，作者要將它轉送給別人，於是單行道的受益，就提升為雙向道的回饋了。運用「回饋手法」，只需簡單幾筆，就可讓文章的內涵加深加廣，值得同學好好學習。

滿級分這樣寫

搭配回饋名句　提升分量

回饋手法看似簡單，仔細推敲，又有各種變化。以回饋對象而言，分為「回饋恩人」和「回饋他人」兩種。「父母親辛苦教養我，對我有恩，他日長大，我要以孝順回饋父母」，這是屬於「回饋恩人」；「善心人士默默行善，資助我就學費用，他日長大，若有能力，我也要資助和我一樣貧困的學生」，則是屬於「回饋他人」。國中課文陳之藩的名作〈謝天〉一文提到：「因為需要感謝的人太多了，就感謝天罷。」也是屬於回饋他人。

回饋恩人，請見底下範例——

幫助劉邦打下天下的大將韓信，年輕時家境貧困，時常餓著肚子。有天，他遇到一位漂母（洗衣婆），漂母很同情韓信的遭遇，賞給他飯吃，韓信很感激她。等到韓信當上楚王，他想起漂母的恩惠，便命人送給她黃金一千兩。←成語「一飯千金」就是從這個故事而來。

回饋他人，請見底下範例——

國立竹山高中陳信良老師將創意教學作品獲獎的三萬元獎金，悉數捐給南投家扶中心，金額雖不多，卻有著回饋社會的美意。陳信良因童年家境貧困，曾獲南投家扶中心協助才能安心就學，長大後一直希望能回報家扶中心，提供弱勢家庭兒童更好的服務。

若以回饋物品分類，又可區分成「原物回饋」和「異物回饋」兩種。原物回饋就是將他人資助給我的物品，再回饋給他人，以「一份好禮物」為例，收到的好禮物是「字典」，改日有經濟能力時，同樣以字典回饋別人。異物回饋則不然，送出去的不再是字典，也許是書，也許是電腦，也許是依照對方所需而定。

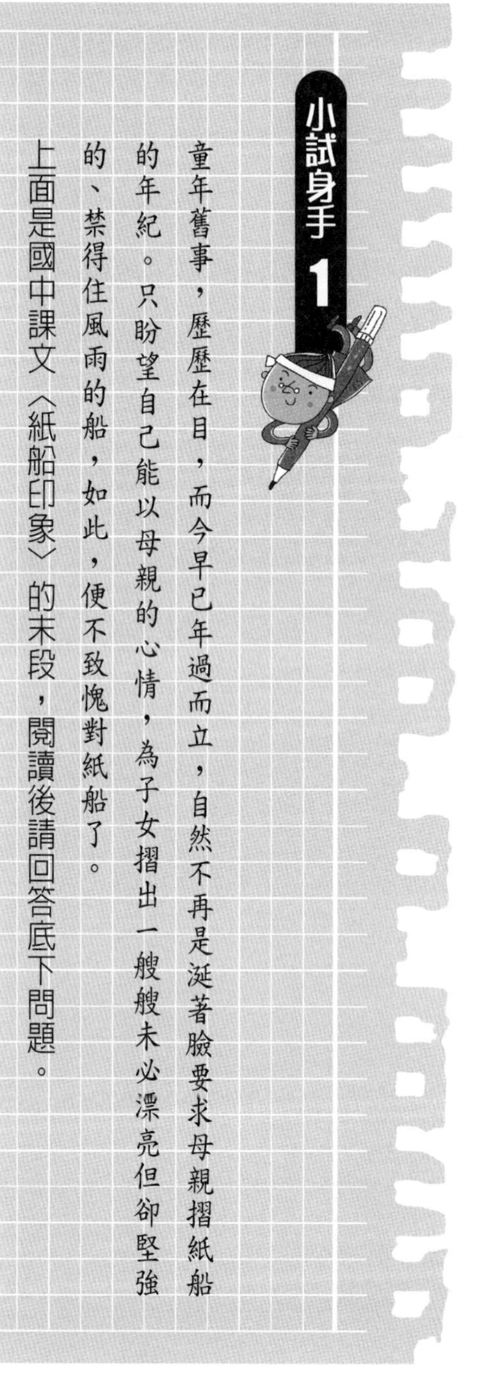

小試身手 1

童年舊事，歷歷在目，而今早已年過而立，自然不再是涎著臉要求母親摺紙船的年紀。只盼望自己能以母親的心情，為子女摺出一艘艘未必漂亮但卻堅強的、禁得住風雨的船，如此，便不致愧對紙船了。

上面是國中課文〈紙船印象〉的末段，閱讀後請回答底下問題。

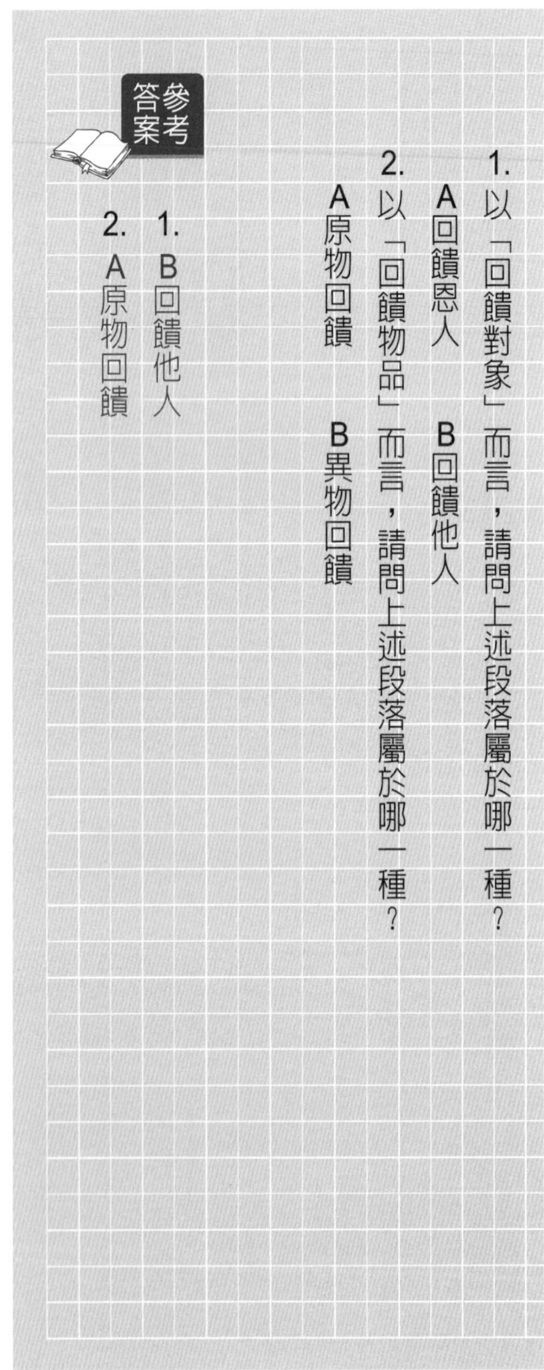

此外，末段使用回饋手法時，可引用相關名句，以增加回饋分量。如：

「受人點滴，湧泉以報」，知恩圖報是做人最基本的道理。「電子字典」這麼一份好禮物讓我的英文程度突飛猛進，改日我有經濟能力時，我也要送出更多的電子字典，幫助更多的學生，讓這份有著愛心的好禮物繼續傳承下去。

「受人點滴，湧泉以報」這句名言在此提升了回饋的分量，讓末段在名正言順下完美結局。

小試身手 2

底下的成語名句若和報恩回饋相關者，請打「√」：

（　）1. 投桃報李

（　）2. 結草銜環

（　）3. 妙手回春

（　）4. 好馬不吃回頭草

（　）5. 人人為我，我為人人

（　）6. 吃人一口，還人一斗（閩南語俗諺）

（　）7. 有時月光，有時星光（閩南語俗諺）

參考答案

（√）1. 投桃報李：你送桃子，我回贈以李子。比喻彼此間的贈答。

（√）2. 結草銜環：結草，指魏顆救父妾，而獲老人結草禦敵的故事。銜環，指楊寶救一隻黃雀，後得黃衣童子以四枚白環相報的故事。結草銜環比喻生前受恩死後圖報。

（ ）3. 妙手回春：頌揚醫師的醫術高明，能治好重病。

（ ）4. 好馬不吃回頭草：有志氣的人，即使遭遇挫折也不走回頭路。

（√）5. 人人為我，我為人人：集大家的力量幫助每一個人，每個人亦須盡自己所能回饋大家。

（√）6. 吃人一口，還人一斗：受了人家一份恩惠，須以倍數的方式報恩。同「受人點滴，湧泉以報」。

（ ）7. 有時月光，有時星光：月亮有時比星星明亮，星星有時比月亮明亮。同「風水輪流轉」。

第17回 化整爲零
描寫人物好方法

「描寫人物」是記敘文的重點，很多人喜愛藉由描寫人物的長相和穿著打扮，來點出人物的氣質和性格。如：

這位小姐上半身穿著粉紅色襯衫，下半身穿著白長裙，腳上穿著藍色的高跟鞋，右手撐著一把黃色雨傘，左手拿著一條紫色手帕，頭上戴著一頂蕾絲邊的花帽……。

作者「一口氣」描述這位小姐的裝扮，目的在營造「淑女印象」。可惜描述過於繁瑣，讓讀者如墜五里霧中，因而失去閱讀的樂趣。這時，可考慮「化整為零」人物描寫法，將「一口氣」打散，改為零散處理。請看：

這位小姐上半身穿著粉紅色襯衫，進入餐廳後……，眾人的目光注視著她的白長裙……，她腳上的藍色高跟鞋，離開時下起小雨，她高雅地撐起黃色小傘，緩緩離開……，還不時地拿著紫色手帕擦拭雨水……，特別是那頂蕾絲邊花帽，真是風情萬種……。

每當提到淑女，只寫一樣打扮。經過零散處理，淑女印象遍布全文，比起「一口氣強迫推銷法」，顯然地，「化整為零」給人的印象更深刻。

化整為零手法範文賞析

〈半桶水「英」雄〉

那年，我在貿易公司上班。一天，新進一位打扮洋味十足的男同事，他講起中文總是夾雜著莫測高深的英文。一開始我被他的英文唬得心生畏懼兼崇拜，判斷他八成渡洋喝過「洋墨水」，幾經相處才發覺，他是土生土長的臺灣人。

「施Sir，你來得正好，Miss張有trouble了，老闆check她的report後，發現有question。Miss張竟不服地和老闆argue起來，老闆撂下狠話，要將她fire掉，怎麼辦？」一大早才踏入辦公室，這位戴著黑框眼鏡的同事（化整為零1）就土洋夾雜地向我透露最新消息。

有次，大家在討論員工出國旅遊，這位同事摸著中分的頭髮（化整為零2）當仁不讓地說：「如果大家沒有更好的idea，我建議到Hong Kong，當地有家hotel的view很不錯，如能再push多一點人去，團費可享更大的discount。」皮膚皙白的他（化整為零3）講得輕鬆，大伙兒卻聽得吃力。

不久，客戶老外要來臺北洽談生意，老闆急需翻譯人員，大家一致推荐新同事上場，他穿著吊帶褲（化整為零4）再三推辭，最後才面有難色地接受，眾人忍不住批評他矯揉造作，得了便宜又賣乖。

我記得很清楚，那天午後辦公室開著超強冷氣，他穿著白襯衫（化整為零5）居中翻譯卻汗如豆出。開始的英文客套招呼語，他還能應付，一談及貿易正事，他就結結巴巴了。

身材瘦高的他（化整為零6）實在聽不懂，他用英文請老外再說一次，他說：「Would you please say again？」老外幽默地回答：「again.」我們在旁面面相覷，忍住不笑。最後，他實在撐不下去，情急之下脫口說了一句：「You are sorry.」後，就狼狽的離開了。天啊！他竟然緊張到「I am sorry.」都說錯了。

真想不到他的英文只有「單字」程度，好一陣子，他不敢再賣弄英文了。但本性難移，沒幾天他又故態復萌了。「施Sir，Miss張穿那套洋裝好cute，你也可以請你太太try看看」，他眨眨剛割完的雙眼皮（化整為零7）高談闊論時，突然老外來電，詢問產品可否降價？老闆在旁比手勢示意「不行」，他迅速對著話筒大聲喝道：「discount，Im-bossi-ple」。

唉喲！連「不可能」的單字都唸反了。三個月後他離職了，在那之前，我未曾再見過這位「半桶水英雄」講過一句英文。

先形象造型　再分散處理

運用化整為零人物描述法，可在開頭以一句話概括人物形象，作為「總體造型設計」，如範文〈半桶水英雄〉首段就提到「洋味十足的男同事」，洋味十足就是人物形象，底下再搭配「這位戴著黑框眼鏡的同事」等七處化整為零手法，當然，這七處都要符合洋味十足。〈半桶水英雄〉一文化整為零手法剖析：

一處形象設計：洋味十足。

七處化整為零：戴著黑框眼鏡、頭髮中分、皮膚皙白、穿著吊帶褲、穿著白襯衫、身材瘦高、割完雙眼皮。

小試身手 1

參考〈半桶水英雄〉化整為零手法後，請填寫下列＿＿處：

1. 一處形象設計：臺味十足

四處化整為零：＿＿＿＿、＿＿＿＿、＿＿＿＿、＿＿＿＿

2. 一處形象設計：失意落寞

四處化整為零：＿＿＿＿、＿＿＿＿、＿＿＿＿、＿＿＿＿

參考答案

1. 腳上踩著藍白拖、穿著白色內衣出門、一口臺灣國語、嘴巴嚼著檳榔。
2. 滿臉鬍渣、眼神呆滯、低頭緩緩而行、凝望天空。

此外，運用化整為零手法時，要留意句型變化，如果整篇都是「戴著黑框眼鏡的他、頭髮中分的他、皮膚皙白的他、穿著吊帶褲的他、穿著白襯衫的他、身材瘦高的他、割完雙眼皮的他」，主角「他」都是受詞，句型實在太單調。這時可考慮將部分的「他」移位到句子前面，當作主詞。請看〈半桶水英雄〉一文的主角位置：

這位戴著黑框眼鏡的同事（受詞）

同事（主詞）摸著中分的頭髮

皮膚皙白的他（受詞）

他（主詞）穿著吊帶褲

他（主詞）穿著白襯衫

身材瘦高的他（受詞）

他（主詞）眨眨剛割完的雙眼皮

他（同事）有時在句子的前面當主詞，有時在句子的後面當受詞，位置不同，文章就會跟著起變化。

小試身手 2

請根據題目（二選一），搭配化整為零手法，寫出一篇約三〇〇字的短文。

題目一：以「探病」為主題，用化整為零手法描述病人。

題目二：以「上課」為主題，用化整為零手法描述老師。

參考答案

〈探病〉

他向來生龍活虎，談笑風生，突如其來的一場重病，改變了他的人生。那天，我們去醫院探望他時，真正感受到甚麼叫做奄奄一息（形象設計）。

我們進入醫院病房時，他正吃力地撐起身體（化整為零1）離開病床，想要上廁所。看到我們前來探望，他眼神渙散（化整為零2）地望著我們，好像見到陌生人一樣。表情痛苦的他（化整為零3）坐回病床，簡短又有氣無力地（化整為零4）回答著我們的問題。

他指著自己蒼白枯槁的臉孔（化整為零5），嘆了一口氣說：「病來如山倒，病去如抽絲。」我看著他瘀青的手臂（化整為零6），知道他捱過不少的針。我們一直安慰他，他咳嗽不斷（化整為零7），很少回話。

突然，他的眼角緩慢的望向牆上的時鐘，我們知道他在暗示該離開了。

他費盡全身的力量「爬」上輪椅（化整為零8），堅持送我們到電梯口。才一出病房，我們就聞到異味，他苦笑一聲、虛弱地說（化整為零9）：「我不送各位了。」

我難過地離開醫院，腦海中盡是他咳嗽的痛苦模樣（化整為零10）。

第18回 總分總法 強化組織結構

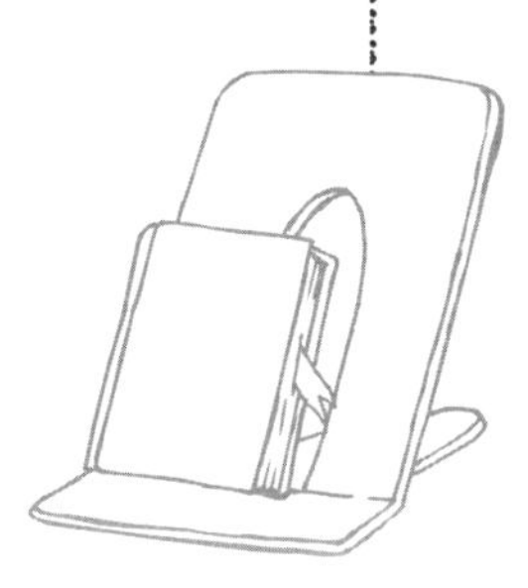

「總分總法」是一種強化組織結構的手法。以〈我想旅遊的國家〉為題目，運用總分總法，就能寫出各段大綱如下：

總↓首　段：烏克蘭、敘利亞、剛果都是我想去的國家。
分↓第二段：想去烏克蘭的理由。
分↓第三段：想去敘利亞的理由。
分↓第四段：想去剛果的理由。
總↓末　段：努力打拚以完成旅遊烏克蘭、敘利亞、剛果的夢想。

根據〈我想旅遊的國家〉的各段大綱可知，「總分總法」就是首段「總」論，底下各段「分」開敘述，末段又呼應「總」論。總分總法有三大優點，分別是首末段前後呼應、各段段意突出明顯、組織結構有特色。在高規格的大型寫作競試中，常見選手們運用此法脫穎而出，贏得佳績。

範文參考

〈來賽跑吧！〉

一〇一年全國語文競賽國小學生組

第一名屏東縣簡愛

光陰，來賽跑吧！我要馳騁風雲，把握當下；撒旦，來賽跑吧！我要擊敗軟弱，創造美好；煩躁，來賽跑吧！我要平心靜氣，迎向勝利；懼怕，來賽跑吧！我要鼓起勇氣，奮力一搏！人生跑道上，唯有不停全力以赴，方能展現自己的丰采！

光陰如同細膩的沙子，我需要把握它點滴的真實。過去，我曾放任它從我手中悄悄地流逝，不知不覺，談笑間，檣櫓灰飛煙滅，它的美好就

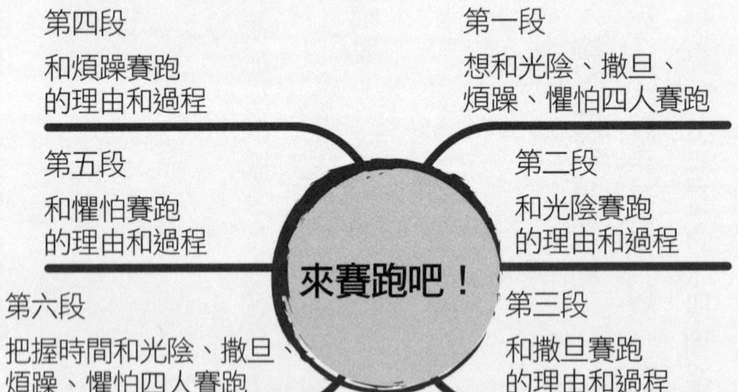

第一段
想和光陰、撒旦、煩躁、懼怕四人賽跑

第二段
和光陰賽跑的理由和過程

第三段
和撒旦賽跑的理由和過程

第四段
和煩躁賽跑的理由和過程

第五段
和懼怕賽跑的理由和過程

第六段
把握時間和光陰、撒旦、煩躁、懼怕四人賽跑

來賽跑吧！

▲〈來賽跑吧！〉一文結構心智圖

因幼年的不自知而消失。但！「悟以往之不諫，知來者之可追，實迷途其未遠，覺今是而昨非。」歲月呀！我要和你賽跑，儘管跑得身心憔悴，陷入萬丈深淵的泥淖中，我也依然要拚盡全力衝向未知道路！披著荊、斬著棘，邁向充滿曙光的美樂地。無論光陰如何消逝，我早已邁開步伐，昂然的跑著！

撒旦好似揮之不去的陰影，充斥於我的心頭。曾經，我受到惡魔的誘惑，因而一蹶不振的過意氣消沉的日子。但！經過黯淡無光的慘淡後，我決定學習「周處除三害」的精神，讓內心的壞蛋消失得無影無踪。林書豪擺脫心作祟的嘲弄之魔，在籃球場上一心一意的為熱愛而努力；拳王阿里掙脫心靈的枷鎖，用自己的全力贏得包容，獲得尊重，同樣，我也可以不受限於撒旦的手掌中！因此，我不斷的在成長中蛻變，它怎麼也無法再束縛我。任憑撒旦喝聲咆哮，我早已邁開步伐，抖擻的跑著！

煩躁猶如叛亂的大兵，令我無時無刻的緊張它的到來。昔日，我一再的煩惱著，心中糾成一團的繩無論多麼銳利的利刃也解不開，只因「煩躁小子」在胸口猛踹，害得我喘不過氣來。但！自從我逐漸成長後，我變得些許沉穩、穩重，那煩悶大兵彷彿如臨大敵，不再那麼占上風頭，我也經常笑口常開，迎接許許多多的意外。就算煩躁浮上心頭，我也會冷靜的面對，邁開步伐，甩開那不如意的煩人精！

懼怕有如波濤洶湧，朝我直直撲襲而來。往日，我因懵懂無知，而被恐懼無情的占據心頭，任由它呼風喚雨，甚至也撲熄了從前朝氣蓬勃的熱情。但！經歷無數的考驗後，我才了解：勇氣是永不言敗的精神，我要如一代女皇武則天般，克服心中的困難，向害怕吼天長嘯一番，擺脫束縛自己的懼怕！從此，我便勇猛向前，不畏挫敗及任何失落，往那充滿勇氣的天堂，戰勝懼怕。儘管懼怕徘徊腦海，我早已邁開步伐，朝著勝利的一方前進！

「天將降大任於斯人也，必先苦其心志、勞其筋骨、餓其體膚、空乏其身。」我要和光陰賽跑，一分一秒絲毫不怠惰，掌握確實的方向；我要和撒旦賽跑，時時刻刻分秒必爭，趕跑恐怖的怒吼；我要和煩躁賽跑，日日夜夜絕不氣餒，讓心湖靜如止水；我要和懼怕賽跑，每分每秒永不放棄，創造勇氣十足的心靈！唯有挑戰，方能見得那繽紛、燦爛的一刻！來和信心十足的我一同賽跑吧！

這篇第一名的文章出自於國小學生，它也是運用「總分總法」，第一段提及四位賽跑的敵人後，二至五段分開敘述四位敵人，第六段又呼應首段的四位敵人。

有特色的組織結構，加上精采的遣詞造句，讓它在眾多寫作好手中得到評審的青睞。

滿級分這樣寫

多元論點最適用總分總法

總分總法最適合用在多元論點的寫作試題。若是單論點的題目就不要勉強使用了，特別是有「最」和「一」字的題目，如「夏天最棒的享受」、「影響我最深的一個人」，因為在「最」和「一」的限制下，論點只有一個，如「夏天最棒的享受」是游泳，「影響我最深的一個人」是媽媽，游泳和媽媽都是單論點，就無法分開敘述了。

二〇一四年的會考寫作試題〈面對未來，我應該具備的能力〉，就是多論點的題目，非常適用總分總法，請看底下分析：

總↓首　段：應具備外語、科技、說服三種能力。

分↓第二段：說明外語能力在未來的重要性。

分↓第三段：說明科技能力在未來的重要性。

分↓第四段：說明說服能力在未來的重要性。

總↓末　段：努力學習以培養外語、科技、說服三種能力。

小試身手 1

參考〈面對未來，我應該具備的能力〉後，請以「面對失敗，我應該具備的態度」為題，完成下列＿＿處。

第一段：＿＿＿＿

第二段：＿＿＿＿

第三段：＿＿＿＿

第四段：＿＿＿＿

第五段：＿＿＿＿

第六段：＿＿＿＿

參考答案

第一段：「面對它、接受它、處理它、放下它」是我面對失敗的四大態度。

第二段：如何面對失敗？

第三段：如何接受失敗？

第四段：如何處理失敗？

第五段：如何放下失敗？

第六段：呼應首段「面對它、接受它、處理它、放下它」。

小試身手 2

下列寫作試題都是出自教育部，請將適合運用總分總法的題目打「√」：

（　）1. 爭吵之後

（　）2. 我有勇氣拒絕……

（　）3. 我最想完成的一件事

（　）4. 當我意見和別人不同的時候

（　）5. 影響生活的一項發明

（　）6. 我從同學身上學到的事

（　）7. 動人的笑

（　）8. 讓世界更美好的事

（　）9. 讓自己變得更好

（　）10. 一份特別的禮物

參考答案

適合總分總法，打√	總分總法多元論點
（√）1. 爭吵之後	反省、道歉……
（√）2. 我有勇氣拒絕……	毒品、飆車……
（　）3. 我最想完成的一件事	
（√）4. 當我意見和別人不同的時候	體諒、忍讓……
（　）5. 影響生活的一項發明	
（√）6. 我從同學身上學到的事	行動、認真……
（√）7. 動人的笑	發自內心、親切……
（√）8. 讓世界更美好的事	環保、禮節……
（√）9. 讓自己變得更好	結交益友、充實學問……
（　）10. 一份特別的禮物	

小試身手 3

寫作試題為教育部範例〈讓生活更精彩〉，若想要運用總分總法，請簡單寫出三～四個論點。

論點一：

論點二：

論點三：

論點四：

參考答案

論點一：積極樂觀

論點二：注重健康

論點三：充實學問

論點四：培養興趣

遠景、中景、近景
景色多變化

寫作高手描寫景色，會讓人興起出遊一探的欲望；寫作低手描寫景色，則會讓人興起不如在家之嘆。「景色描寫」常出現在校外教學後的作文，很多學生不知如何描寫景色，只會寫「景色很漂亮」、「風景很美麗」，實在單調乏味。

這時可考慮運用「遠中近」寫景法，它可讓景色有層次感，展現出不同的風貌。它是一種很好的景色描寫法，請看以描寫湖泊為例的示範：

遠景：由高山處往下看，遠遠的湖泊像一面不動的鏡子。

中景：由環湖道路往前看，浪潮拍岸的湖泊有如頑皮小孩。

近景：登上環湖小船後，伸手可探的湖泊像一位神祕女子。

蘇東坡曾經對多變的廬山美景，發出過這樣的讚嘆：「橫看成嶺側成峰，遠近高低各不同。」山景如此，湖景也相同，遠景、中景、近景的湖泊，各有不同的風貌。

〈難忘的校外教學〉

當導師宣布段考後要帶我們前往宜蘭旅遊時，「導師英明」、「導師萬歲萬歲萬萬歲」、「日出東方，唯導師不敗」的歡呼聲此起彼落。從那一刻起，我就盤算著當天抵達目的地瀑布時的情景。

千盼萬等，這天終於來了。遊覽車一出雪山隧道，寬闊的宜蘭平原就亮眼的登場了。「看到嗎？右前方的山上有一道瀑布，那就是今天旅遊的目的地。」導師在車內當起導遊介紹著。我由車內遠遠望去，它好像一條束綁起來的細小白色窗簾，柔弱無力地垂掛著，並不怎麼顯眼，我心

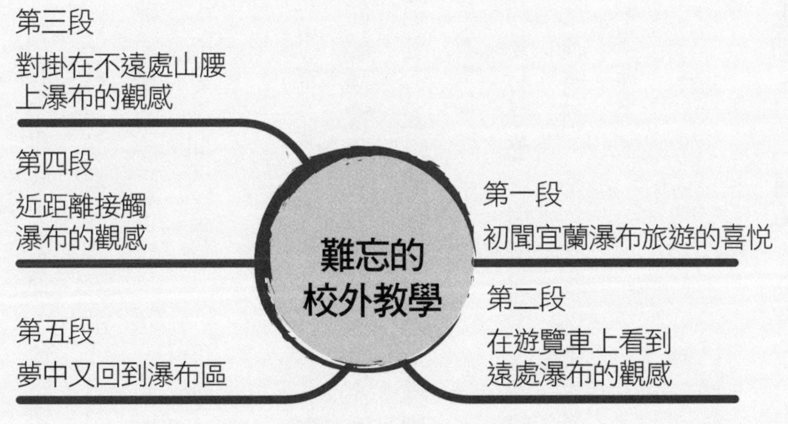

▲〈難忘的校外教學〉一文結構心智圖

想：「這瀑布很普通，沒甚麼特別。」

「下車後步行到瀑布，不要單獨行動，全班在終點的瀑布底下集合，合照團體相片。」導師宣布後，我隨著指標，和同學邊走邊聊天，一路上笑聲相伴，和平日緊張的上課氛圍截然不同。「看到了，瀑布就在那裡。」隨著同學的手指，我抬頭一看，瀑布就高掛在不遠處的山腰上，「嗯！不是綁起來的窗簾，而是微開的窗簾。」仔細諦聽，還有淙淙的流水聲。

「到了！到了！終於到了。」前面的同學興奮地吼著。我滿身大汗地爬完最後坡道，來到瀑布底下。站在這全開的簾幕底下，我緩緩仰起頭瞻望它，這從天而降的磅礴氣勢，幾乎讓我屏住呼吸。澎湃的瀑布水聲，震撼著我的心靈。我任由水珠飛濺到我身上，享受這近距離的接觸，我深深地折服在大自然的威力下。

回程的遊覽車上，同學的歡笑聲不再，取而代之的是打呼聲。環顧同學睡覺的模樣後，我將他們的憨相記錄在相機記憶卡，作為畢業紀念冊時用。不久，我也走入夢鄉，夢鄉中，我依稀站在那道瀑布底下，再次享受最自然的瀑布浴。

在〈難忘的校外教學〉一文中，作者以「瀑布」為主軸，以「窗簾」為譬喻，由「遠中近」處觀察，分別結論出「束綁的窗簾」、「微開的窗簾」和「全開的窗簾」。這樣的描述賦予瀑布千變萬化的面貌，讓人難忘，而「難忘」二字正是題目的重點。

運用時間法，讓美食更加美食

〈難忘的校外教學〉一文以「瀑布」為定點，從各處描寫瀑布，可謂「人動瀑布不動」。反之，也可以「人物」為定點，描述眼睛看到的遠中近景色，也就是「人不動景物動」。請看以瀑布為例的句子：

近景：眼前的水霧在吼聲中四處飛濺，讓我幾乎停止呼吸。

中景：瀑布並非一洩而下，它分兩次渲注，在中間的岩盤有了短暫的休息。

遠景：頂端的流水煞車不及，它以優美的弧線從空中一躍而下。

平面看瀑布，稍微抬頭看瀑布，仰頭大角度看瀑布，運用三種角度即可寫出不同的瀑布風貌。

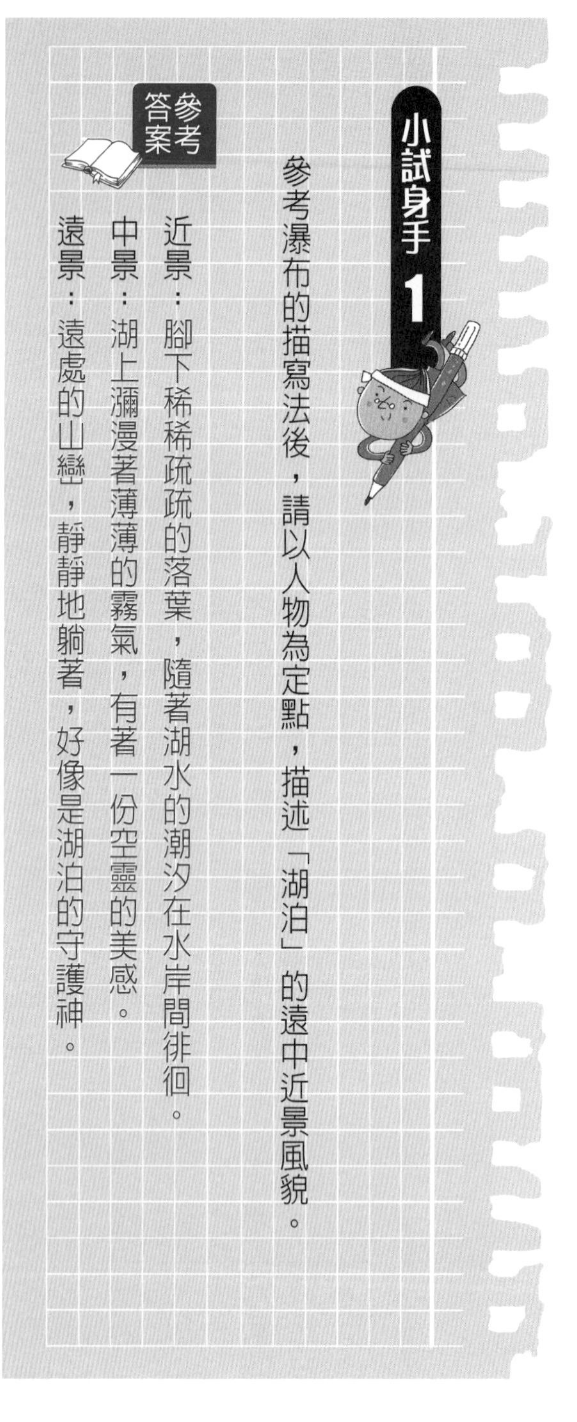

小試身手 1

參考瀑布的描寫法後，請以人物為定點，描述「湖泊」的遠中近景風貌。

參考答案

近景：腳下稀稀疏疏的落葉，隨著湖水的潮汐在水岸間徘徊。

中景：湖上瀰漫著薄薄的霧氣，有著一份空靈的美感。

遠景：遠處的山巒，靜靜地躺著，好像是湖泊的守護神。

遠景、中景、近景，稱作「空間法」，適合用來描寫景物；而最早、中間、最後，就稱為「時間法」，此法可用來描述食物，以「法國大蒜麵包」為例：

我張大嘴巴咬下法國大蒜麵包的第一口，厚實又堅韌的外皮，讓我不斷咀嚼的嘴巴隱隱痠疼；突然，一股蒜香撲鼻而來，夾雜著小麥香味侵襲我的味蕾；味蕾抵抗不了，只好將它關入肚內，哪知才一入喉，我的五臟廟發出了滿意的歡呼聲：「人間第一美味。」

此處以「時間」描寫大蒜麵包，分成「第一口、突然、一入喉」三個時間點描述，讓食物有了不同的層次感。

小試身手 2

參考「法國大蒜麵包」後，請在一五〇個字內用時間法描述「爆漿乳酪麻糬」。

參考答案

我將它捧在手掌心，近距離的觀察它的賣相，裹著白粉的外表就像尋常的麻糬；輕輕咬下第一口後，也不覺得特殊，再咬第二口時，一股濃稠的乳酪緩緩溢出，我忙著將它吸入嘴裡，這時，它和外皮有了令人驚豔的組合，這簡直是「天作之合」；我還未回過神，就將它吞食精光了，然後手又不自主地伸向那一堆白色的軟物了。

當然，食物也可用空間法描寫，遠處看、中處看、近處看，食物都有不同的風貌；同樣地，風景也可以用時間法描述，兩年前看、去年看、今年看，不同的時間，景色也會有所差異。那麼，如果撰寫人物呢？可以用空間法嗎？可以用時間法嗎？當然都可以。以後同學遇到撰寫風景、食物、人物等類似題材，請考慮空間法和時間法。

第20回 冗詞贅語

簡潔才是寫作王道

「冗詞贅語」就是多餘無用的詞語，它大多來自口語交談，如阿志說：「最後……我……終於登上山頂了」，寫成文章時，就要修飾成「最後我登上山頂了」或「我終於登上山頂了」。口語交談若不加以潤飾，逕入文章，那不僅拖泥帶水，更是欠缺文雅。

至於如何寫出簡潔、沒有冗詞贅語的文章呢？底下提供三種找出冗詞贅語的撇步。

1.不順暢法：先唸一次文章，「不順暢」處常是冗詞贅語。

例如：他先被挨罵，後來又差點被挨打。

解說：「被挨罵」、「被挨打」唸起來很不順暢。「被」和「挨」意思相同，此句宜改成「他先挨罵，後來又差點挨打」，或「他先被罵，後來又差點被打。」

2.逐字解釋法

例如：想不到施老師會親自登臺演出，真是出乎意料之外。

解說：「出乎意料之外」逐字解釋就是「超出預測範圍之外」，「超出」、「之外」，負負得正，那就是「之內了」。所以，改成「超出意料」或「意料之外」即可。

3.文意判斷法

例如：基本上臺灣是一個寶島，它的風景優美，水果很可口，人情味很濃厚。

解說：「基本上」常和「雖然」搭配，以「一正一反」呈現，如「基本上，臺灣是一個寶島，雖然街道有一點髒亂。」但「它的風景優美」等語都是正面肯定，所以這裡的「基本上」就要刪去了。

當下最氾濫成災的冗詞是「其實」，最氾濫成災的冗詞句型則是「做一個……的動作」。請看底下一則充斥著冗詞贅語的短文：

前天其實是中韓球賽的日子，我們全班去現場替中華隊做一個加油的動作。比賽前，班長說他其實要製作一張寫著「『韓』淚跳恰恰」的大型海報，學藝股長認為，其實「『韓』恨返國」也不錯。

進入會場前，我們先去進行一個吃飯的動作。班長點了一碗排骨飯，其實我點的是水餃。服務生要我們先到櫃檯進行一個結帳的動作。離開時，飄起了小雨，服務生提醒我們：「務必做一個撐傘的動作。」其實，這位服務生滿親切的。

「先贏後輸，逆轉敗！」敗給韓國隊那一刻，大家難過地做了一個哭泣的動作。「在哪邊跌倒，就從哪邊站起來」，其實，只要我們做一個檢討的動作，改天一定可以打敗韓國。

潤飾後的簡潔短文

前天是中韓球賽的日子，我們全班去現場替中華隊加油。比賽前，班長說他要製作一張寫著「『韓』淚跳恰恰」的大型海報，學藝股長認為，「『韓』恨返國」也不錯。

進入會場前，我們先去吃飯。班長點了一碗排骨飯，我點的是水餃。服務生要我們先到櫃檯結帳。離開時，飄起了小雨，服務生提醒我們：「務必撐傘。」這位服務生滿親切的。

「先贏後輸，逆轉敗！」敗給韓國隊那一刻，大家難過地哭泣了。「在哪邊跌倒，就從哪邊站起來」，只要我們檢討缺失，改天一定可以打敗韓國。

「他其實是個小孩。」「一路走過來，其實還蠻冷的。」在電視記者強力放送下，「其實」二字已成為全民口頭禪。「其實」是「實際上」的意思，前面應該有一個「實際下」。前後情境相反才能使用「其實」，如「別看外頭豔陽高照，其實溫度很低」、「別看他人高馬大，其實常常生病」。

「做一個……的動作」是氾濫成災的贅語句型，「我趕緊做一個煞車的動作」、「請到櫃檯做一個刷卡的動作」、「醫生正在對病人做一個急救的動作」。這些句子有「好幾個」「小動作」，教人防不勝防。

「煞車」、「刷卡」、「急救」本身就是「真動作」，根本不再需要後面的「假動作」。如果一定要加上「動作」二字，則「動作」的後面就要附上修飾詞來形容「動作」的情況，如「他喝湯的動作很優雅」、「施老師游泳的動作很帥氣」。

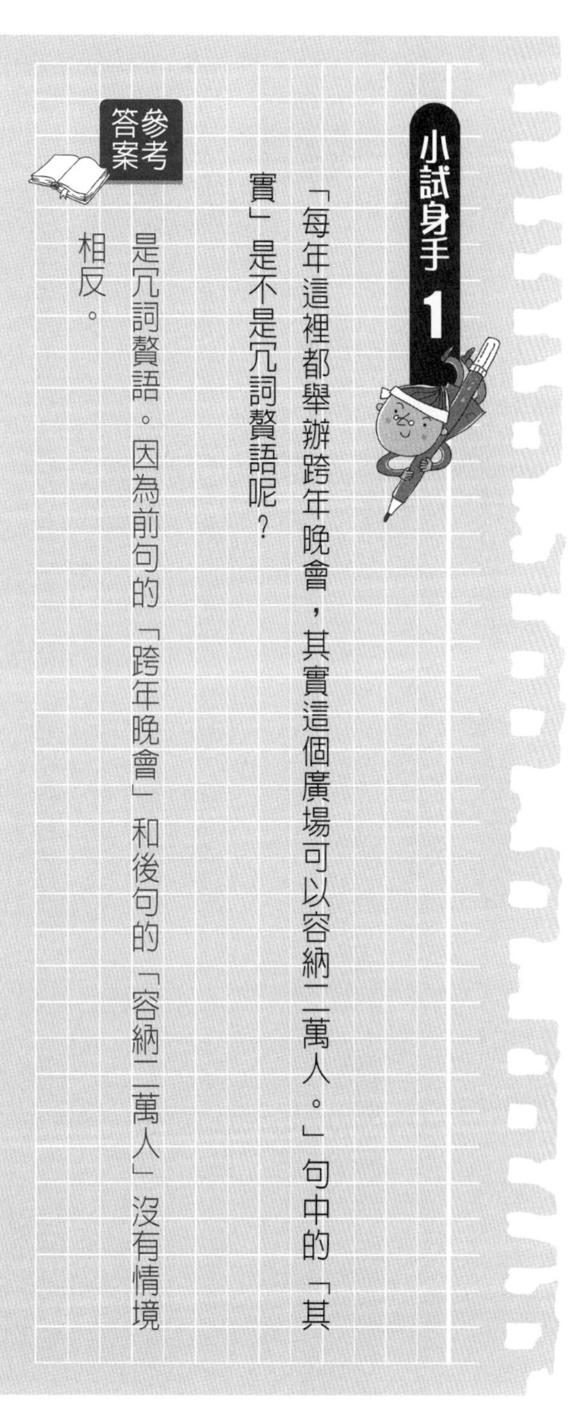

滿級分這樣寫

冗詞贅語也是基測會考的常客

冗詞贅語不僅影響著一篇文章的簡潔性，多年來它更是基測的常客。如基測試題：「電影『魔戒』甫才一上片，影迷隨即爭相走告，因而場場爆滿。」我們透過「逐字翻譯法」，即可判知「甫」和「才」意思相同，保留一字即可。又如基測試題：「美國九一一事件後，全美各地沒有一處無不是籠罩在恐懼之中。」我們透過「不順暢法」，發覺「各地沒有一處無不是」不順暢，可改成「各地無不是」或「沒有一處無不是」。

小試身手 2

下列文句，何者沒有冗詞贅語？（二〇一四年會考試題）

A儘管準備充分，他仍在比賽前夕緊張得輾轉難眠

B他有一雙水汪汪的大眼睛，總經常的凝望著天空

C天上的雲朵變化多樣化的形狀，常令人目不暇給

D她的穿著打扮一向得體，很能搭配適合各種場合

參考答案

A

解析：B刪去「總」字。C刪去「多樣化」。D刪去「適合」。

這些試題透過「找出冗詞贅語三撇步」，都可輕易破解。

小試身手 3

請圈出底下短文的冗詞贅語後，重新整理排列文章。

後天中午起，所謂的颱風就會侵襲臺灣，這個颱風除帶來驚人的雨量外，其實在風力部分，也會來到十四級。對！請大家前往山區時，務必做一個注意土石流的動作。

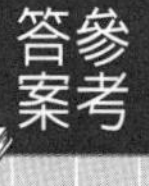

參考答案

圈出冗詞贅語：

後天中午起，**所謂的**颱風就會侵襲臺灣，這個颱風除帶來驚人的雨量外，**其實**在風力**的部分**，也會來到十四級。**對！**請大家前往山區時，務必**做一個**注意土石流**的動作**。

重新排列文章：

後天中午起，颱風就會侵襲臺灣，這個颱風除帶來驚人的雨量外，也會有十四級的陣風。請大家前往山區時，務必注意土石流。

小試身手4

請圈出底下短文的冗詞贅語後，重新整理排列文章。

車禍的現場，其實是在中山高的苗栗路段。對！這起連環車禍是由一位酗酒司機引起的。除了造成五輛轎車毀損外，在受傷的部分，有八個人送到所謂的榮總醫院。對，警方呼籲駕駛人開車前，不能有一個喝酒的動作。

參考答案

圈出冗詞贅語：

車禍的現場，**其實**是在中山高的苗栗路段。**對！**這起連環車禍是由一位酗酒司機引起的。除了造成五輛轎車毀損外，在受傷**的部分**，有八個人送到**所謂的**榮總醫院。**對**，警方呼籲駕駛人開車前，不能**有一個**喝酒的動作。

重新排列文章：

車禍的現場，是在中山高的苗栗路段。這起連環車禍是由一位酗酒司機引起的。除了造成五輛轎車毀損外，有八個人受傷送到榮總醫院。警方呼籲駕駛人開車前不能喝酒。

「對」是對方贊同你的意見時所使用的詞語。使用「所謂的」時，通常有諷刺意味，如「花了五千元去看這種所謂的高檔戲」，短文中的「對」和「所謂的榮總醫院」都不符合語境。此外，「的部分」沒有意義，也可刪。

加油添醋擴寫 讓短文變長文

會考寫作提供有著正反面的稿紙一張，每面可寫五〇六個字，兩面寫滿合計一〇一二個字。然而，大半的考生寫不到一面就繳卷了。在教育部網站公告的六級分作品中，寫到第二面是共同特色。只寫一面就得到六級分的機率微乎其微。

如何才能寫到背面？舉例是一個好方法，特別是以白話文敘述文言文故事，請看底下的漁婦笑話。

文言文

有漁婦素不蓄鏡，每日梳洗，以水自鑒而已。其夫偶為買一鏡歸，婦取視之，驚告其姑曰：「吾夫又娶一新婦來矣！」姑取視之，嘆曰：「娶婦猶可，奈何並與親家母俱來！」

白話文翻譯

有位漁婦從未接觸過鏡子，每次洗臉後，都以水影整理容貌。這天，漁夫老公心血來潮買來一面新鏡，漁婦取來一照，驚呼連連，對著婆婆哭訴：「老公劈腿，外頭有小三。」婆婆急忙取鏡觀看，嘆了一口氣說：「他對女孩向來多情，多娶幾位小三回家，我是不會反對的，但我無法理解為何連親家母都要帶來。」

這是二〇〇一年第二次國文科基測試題，文言文只有七十七個字（含標點符號），翻譯成白話文後，變成一三八個字（含標點符號），幾乎翻倍。當中的「娶婦猶可」四個字，經過擴寫後，變成二十三個字的「他對女孩向來多情，多娶幾位小三回家，我是不會反對的」。

擴寫就是在不改變原來的意思下，運用邏輯、數據、寫景等各種能力，將簡單的句子化成複雜的句子，也就是「化簡為繁」。

擴寫範例一

原句：我昨夜失眠了。

擴寫後：畢業旅行的前一晚，我躺在床上盤算著明天的遊程，怎麼也無法入睡。

擴寫範例二

原句：氣象局呼籲民眾要留意下週的寒流。

擴寫後：時序進入十二月寒冬，已有三波的冷氣團來報到，特別是下週又有一道超級寒流來襲，氣象局呼籲民眾外出時要留意保暖，特別是有心肺問題的老人家。

擴寫範例二

原句：她站在港邊等著愛人的船入港。

擴寫後：黃昏的雲彩絢爛奪目，紅通通的夕陽緩緩墜入海中，這些讓人讚嘆的美景她都無心欣賞，她唯一掛念的是，那艘讓她魂牽夢縈、載著心上人的船隻是否出現了？

擴寫範例一運用的是邏輯中的「因果法」，畢業旅行是前因，失眠是後果。擴寫範例二運用的是「數據法」，有十二月寒冬，三道冷氣團。擴寫範例三運用的是「寫景法」，描寫出現在主角「她」旁邊的「黃昏彩霞」和「夕陽墜海」的景色。

擴寫的方法千變萬化，不只上述三種而已。通常，是多種方法相互運用。

多種擴寫方法交互運用的文章

原句：捷運松山線昨天通車，臺北的交通更加便利了。

擴寫後：曾讓附近住家叫苦連天、施工多年的捷運松山線，經過交通部的測試檢驗後（以上是前因），已經在昨天順利通車了。橫貫臺北的松山線全長八點五公里，共設八個地下車站（以上是數據）。每個車站各具特色，北門站以歷史遺跡為主軸，巨蛋站則主打舞臺變影（以上是寫景法）。通車後，臺北捷運的願景全部達成，四通八達的交通網將帶給居民更便利的生活。

動動嘴巴，就可練習擴寫

筆者曾在課堂間，運用說話讓學生練習擴寫。設計美食記者要學生以一個字形容蛋糕的美味，同學回答：「好」。兩個字呢？「很好」。三個字呢？「很好吃」。接下來是「真的好吃」、「真的很好吃」、「真的很不錯吃」、「真的非常不錯吃」、「實在真的很不錯吃」。動動嘴巴，也能練習擴寫。

講白一點，擴寫就是加油添醋，但是所加的油醋分量要恰當好處，不能喧賓奪主而讓原味失真。底下是一些不同的簡單擴寫練習。

一、對話擴寫舉例

選舉落敗，這位候選人＿＿＿＿地說：「謝謝大家的支持，我的努力不夠，辜負了大家的期許。」說著說著，眼角泛起了淚光。

＿＿＿＿處可擴寫難掩失望之情或語帶哽咽。

加入說話者的口氣、表情、肢體動作，是對話擴寫的基本方法。

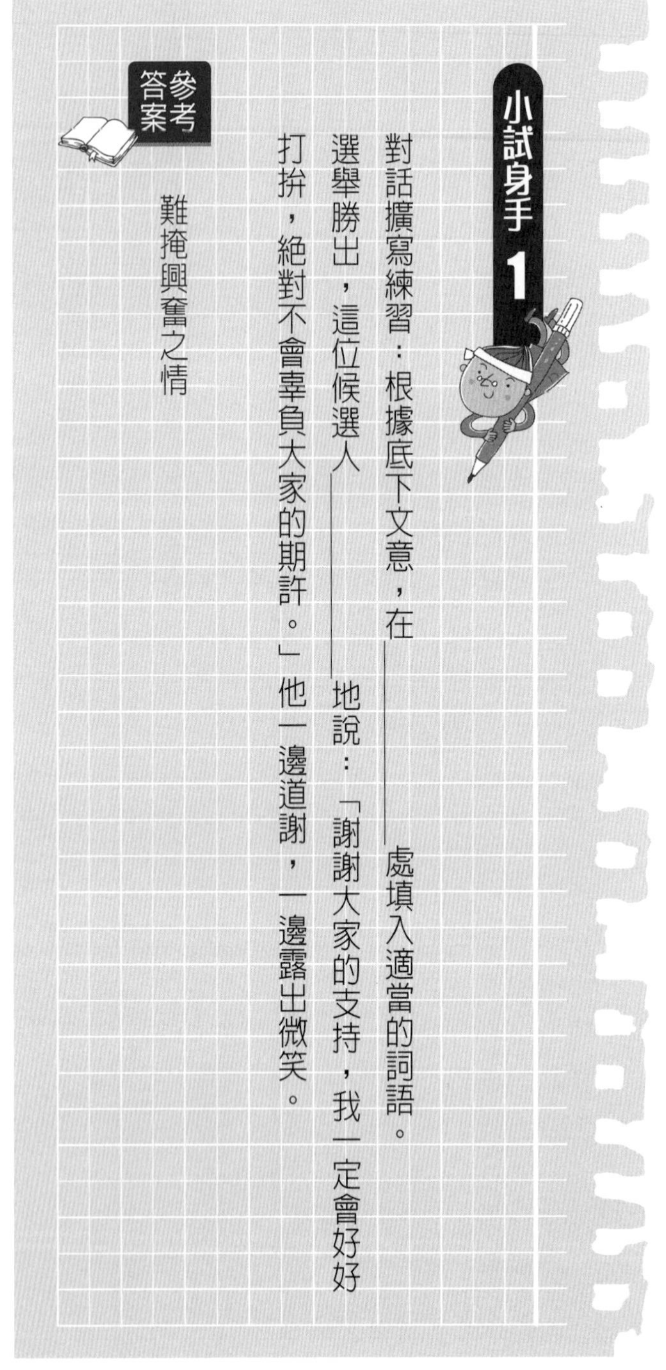

小試身手 1

對話擴寫練習：根據底下文意，在＿＿＿＿處填入適當的詞語。

選舉勝出，這位候選人＿＿＿＿地說：「謝謝大家的支持，我一定會好好打拚，絕對不會辜負大家的期許。」他一邊道謝，一邊露出微笑。

參考答案

難掩興奮之情

二、景色擴寫舉例

在寬闊的跨年會場，＿＿＿＿，大家抬頭看著一○一大樓的倒數計時，齊聲喊出：「五、四、三、二、一。」

＿＿＿＿處可擴寫四周大樓林立，霓虹燈光閃爍不停，人潮洶湧不畏寒風。

描寫四周的景色，如遠景、中景、近景，或是高景、低景，抑是前景、後景，都是很好的景色擴寫法。

小試身手 2

景色擴寫練習：根據底下文意，在＿＿＿＿處填入適當的詞語。

天黑了，登山客仍找不到出路，＿＿＿＿，登山客心急如焚，不知如何是好？

參考答案

四周風聲呼呼，樹影像鬼魅般地搖動。

三、數據擴寫舉例

九五無鉛汽油連續降價，＿＿＿＿，民眾要把握機會前往加油。

＿＿＿＿處可擴寫明日起每公升降到二十九點八元，突破三十元關卡。

有了數據，文章會更有說服力。現今網路發達，一些相關數據，都可輕易獲得。

小試身手 3

數據擴寫練習：根據底下文意，在＿＿＿處填入適當的詞語。

余仁捷才一年不見，＿＿＿，外表令人耳目一新。

參考答案

身高長到一八一公分，體重減到七十二公斤。

小試身手 4

擴寫綜合練習：請將底下六〇字的短文，擴寫成約一〇〇字。

伯樂先生是相馬師，他可以輕易分辨出馬的好壞。可惜世間上伯樂很少，所以，即使是千里馬，也被一般馬師當作普通馬飼養，最後冤死在馬房內。

參考答案

伯樂先生是舉世聞名的相馬名人，他獨具慧眼，一眼就能辨認出千里馬。可惜，伯樂先生千百年來才出現一位，所以，即使是一匹價值連城、奔馳快如閃電的千里馬，也會被三流馬夫誤認為普通馬，最後只能傷心地冤死在馬房內。

第22回 剪裁繁縮寫 緊湊情節 簡潔文句

學校舉辦活動之後，常有心得寫作，如「大隊接力」、「校慶」、「校外教學」等。通常，在撰寫心得之前，得先描述活動的過程。多數的同學描述活動時，都會犯了「節奏緩慢」的毛病。請看底下一段節奏緩慢的校外教學文章。

我今天早上六點起床，盥洗後，六點半出門，七點十分到了學校的時候，已經有很多同學在集合地點聊天了，大家都在討論今天的校外教學。七點三十分我們上了遊覽車，遊覽車上的氣氛很輕鬆，有的同學在唱五月天的歌，有的同學繼續在聊天，有的同學低頭滑手機，有的同學閉目養神，有的同學在看風景，大家都在享受這難得的空閒。

這篇校外教學的短文，重點有二：前半部為同學很早就集合了，後半部為同學在遊覽車上的各種休閒。然而，這篇文章的前半部在時間上作了瑣碎的交代，讓節奏變得冗長緩慢。後半部「有的同學」一語再三出現，拖慢了情節。

仔細思考，六點、六點半、七點十分、七點三十分，這些瑣碎的時間要交代的這麼詳細嗎？起床、盥洗、到校、上車，這些流水帳一定要鉅細靡遺地寫下嗎？當然不用，少了時間和流水帳，一點也不會影響文意，請看修正後的文章：

今天是校外教學的日子，早上我前往集合地點時，已經有很多同學在聊天了。遊覽車上的氣氛很輕鬆，唱歌的、聊天的、滑手機的、閉目養神的、看風景的，應有盡有，大家都在享受這難得的空閒。

「情節縮寫」就是保留必要的情節，刪除不必要的情節；「文句縮寫」就是保留必要的文句，刪除不必要的詞語。修正後的校外教學短文，前半部屬於「情節縮寫」，後半部則屬於「文句縮寫」。

情節緩慢卻有趣的文章

一人寫信，言重詞複，瑣瑣不休。友人勸之曰：「吾兄筆墨確佳，惟有繁言贅語宜去。以後致信，言簡而賅可也。」其人唯唯遵命。

後又致信此友曰：「前承雅教，感佩良深，從此万不敢再用繁言，上瀆（瀆，音同讀，不敬）清聽。」另於「万」字旁註之曰：「此『万』字，乃『方』字無點之『万』字，是簡筆之『万』字也。本欲恭書草頭大寫之『萬』字，因匆匆未及大寫草頭之『萬』字，草草不恭，尚祈恕罪。」

寫信人宣稱不敢再用繁言，卻為了一個「万」字而不厭其煩地解釋，澄清以「万」字替代「萬」字的緣由，然而，解釋的內容卻比正文還冗長，說不再用繁言，卻是繁言滿篇，實在令人失笑。

滿級分這樣寫

文言文是縮寫的好幫手

底下分「情節縮寫」和「文句縮寫」兩部分來探討和練習。

一、情節縮寫

有的情節刪除後，不僅不會影響文意，而且變得乾淨俐落，如〈校外教學〉一文。但是，有的情節一刪除，雖不會影響文意，卻影響著氣氛的營造。

魏笙芷徘徊在一座小巧的公園內，最後走進一家超商店內買了一罐礦泉水，她坐在休息座椅上發呆，許久，她深呼吸一口氣，鼓起勇氣撥打電話給男友。一開始，魏笙芷的左手玩弄著礦泉水，不久，她越講頭越低，越講聲音越細，最後忍不住啜泣起來。

這一段的主要情節是描述心事重重的魏笙芷在超商打電話給男友，最後忍不住啜泣起來。其他的文字都是場景描述，目的在營造魏笙芷的心事重重。

小試身手 1

閱讀底下短文後，請寫出這段短文的主要情節。

尤詠慈下了公車後，快步走向家裡。經過公園時，她向正在運動的長輩們揮手打招呼。到了小巷口的麵攤，她又主動和老闆親切地問候。回到家後，她拿出成績單，邊看邊發笑，爸爸才一入門，她就大聲叫道：「我這次段考第一名。」

主要情節：

尤詠慈興奮地回到家裡，高興地向爸爸報喜：「我這次段考第一名。」

※公園和麵攤的場景描述，主要在營造尤詠慈的興奮心情。

二、文句縮寫

「母親過世了，請趕快回家奔喪」，這是白話文的寫法，如改用文言文，只需「母喪，速歸」四個字。白話文有淺顯易懂的好處，文言文也有簡潔的優點，雖然，文言文不再是主流，然而文學底子深厚的人，仍可將它運用在文句縮寫。

筆者曾在課堂間問學生：「『看到紅燈沒有暫停，繼續開車』，這十二個字的交通罰單，可以改成甚麼？」同學們答道：「闖紅燈」。十二個字變成三個字，這就是縮寫。

小試身手 2

某處暗巷轉角處設有標語：「狗和貓在此大便和小便的專門使用的地方」，用來警告路人不得在此大小便，請問這一句警告標語可以縮寫成甚麼？

參考答案

畜生便溺專用區

小試身手 3

請將底下的短文，盡量縮寫到最少的字數。

午餐是大家交流的好時光，甲同學的便當盒裡有雞腿，乙同學的便當盒裡是滷排骨，丙同學的便當盒裡是魚排，丁同學的便當盒裡是蛋炒飯，我習慣到處打游擊，將甲同學的雞腿咬一口，再將乙同學的滷排骨咬一口，再將丙同學的魚排咬一口，當然，丁同學的蛋炒飯我也不會放過。

參考答案

午餐是大家交流的好時光，雞腿、滷排骨、魚排、蛋炒飯，同學帶來了各式各樣的便當。我習慣到處打游擊，這些佳餚自然都要試吃一番。

第23回 詞語組合訓練組織力

「水果、果然、然後……」、「飛機、機長、長輩……」，國文課時常有這樣深受同學喜愛的詞語接龍活動，這是學生腦力激盪的時刻，也是學生發揮日常所學的時候。

這些留在黑板上的詞語，可以再生利用，作為訓練組織力的材料。筆者常在活動後，要求學生將這些詞語組合成一段文句，底下是含有飛機、機長、長輩這三個詞語的組合文字。

學生組合文句一

飛機起飛不久，機長就廣播：「前面有亂流，請大家回坐，繫好安全帶，注意安全，並請留意身旁的長輩。」

學生組合文句二

飛機才一著陸，機長就廣播：「下機時小心門縫，特別是長輩。」

因為是接龍活動，所以這些詞語很容易就發生「關係」，如「飛機」和「機長」就是，而有關係的詞語，正是訓練組織力的入門好素材。正因為「飛機」和「機長」有航空關係，組合文句時，可考慮從這層關係出發，之後再補一個「長輩」就可以了。

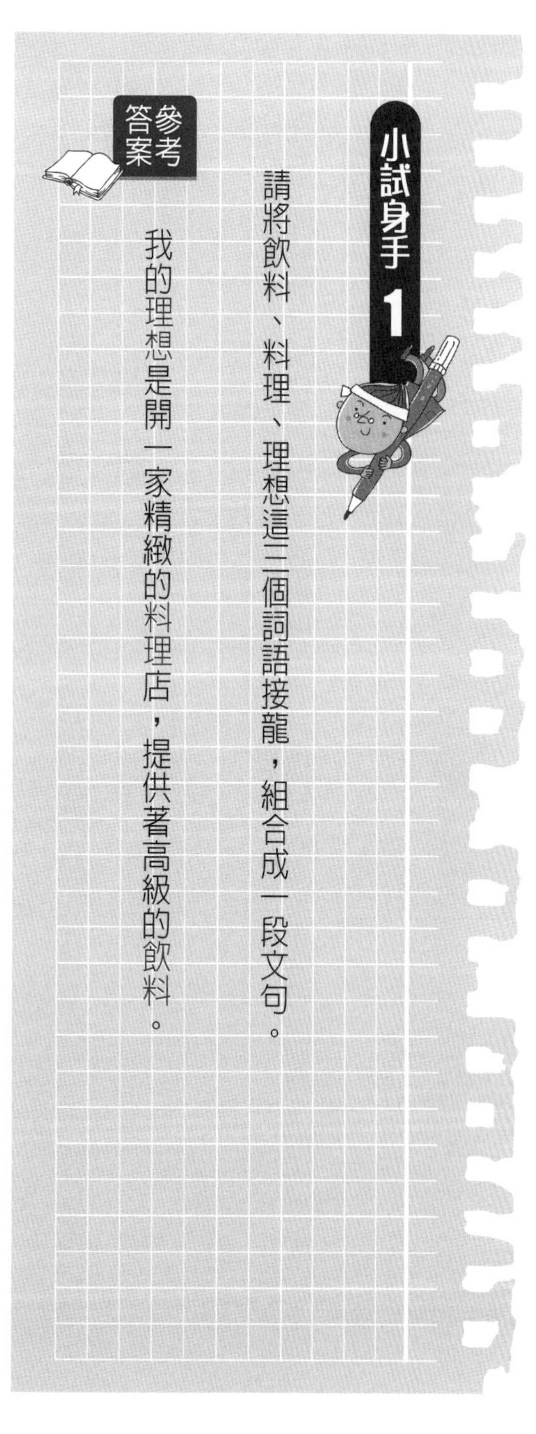

小試身手 1

請將飲料、料理、理想這三個詞語接龍，組合成一段文句。

參考答案

我的理想是開一家精緻的料理店，提供著高級的飲料。

「飲料」和「料理」有餐飲關係，同樣地，只要從這層關係出發，再補一個「理想」就能完成組合文句了。

當然，這樣的詞語組合遊戲可以加以變化，讓它更多元。例如可在眾多的詞語中，選擇部分組合文句，讓初次練習者有更彈性的選擇。

部落、理髮師、師資，三者看似風馬牛不相干的詞語，要將它們通通嵌入一段文字中，就是一種組織力的訓練。

此外，組合文句時也可以結合遊戲進行，如規定「組合出最簡短的文句就是勝出者」。

如小試身手2的參考答案，可縮寫如下：

原句：雖然這是一間以原住民為主的部落學校，但是它的師資很齊全，甚至還有理髮師提供免費服務呢！

縮寫後：這個部落學校不僅設施完善，師資齊全，更有理髮師免費服務。

詞語組合是一種寓教於樂的好活動，它有趣味性，既是縮寫練習，更是組織力訓練，可謂一魚三吃。這樣的活動不受場地限制，若是在教室課堂間進行，當然以文字表達，若是在校外教學的遊覽車上進行，用口語表達即可。

滿級分這樣寫

成語接龍組合　進階版組織力訓練

如果「詞語接龍」是初階版，那麼「成語接龍」就是進階版了，大部分的成語都有典故，如「狡兔三窟」典故出自〈馮諼客孟嘗君〉一文，意思是比喻有多處藏身的地方或多種避禍的準備。要留意的是，少數成語有特定用法，如「罄竹難書」是很多的意思，但它是負面成語，只能用來形容罪惡，如果寫成「他的豐功偉業罄竹難書」就不通了。又如「音容宛在」是指聲音容貌彷彿還在，但它只能用在死者身上，如果寫成「雖然你搬到日本，但只要看到我們的合照，就覺得你音容宛在」就不通了。

底下是學生組合福壽全歸、歸心似箭兩個成語的文字，找看看哪裡不妥？

在外地工作的兒孫歸心似箭，趕著回到故鄉，在張爺爺的壽宴上舉杯祝老人家福壽全歸。

福壽全歸是對年高而有福者死亡的題辭，它和音容宛在一樣，都是用在死者的身上。若將它誤用在張爺爺的壽宴上，就糗大了。

小試身手 3

請將春風化雨、雨過天青、青梅竹馬三個成語接龍，組合成一段文字。

參考答案

他們兩人是青梅竹馬，感情融洽，雖有爭執，但都能雨過天青。近日，兩人前後考上教職，成為春風化雨的老師了。

同樣地，也可以在眾多的成語中，選擇部分來組合文句。

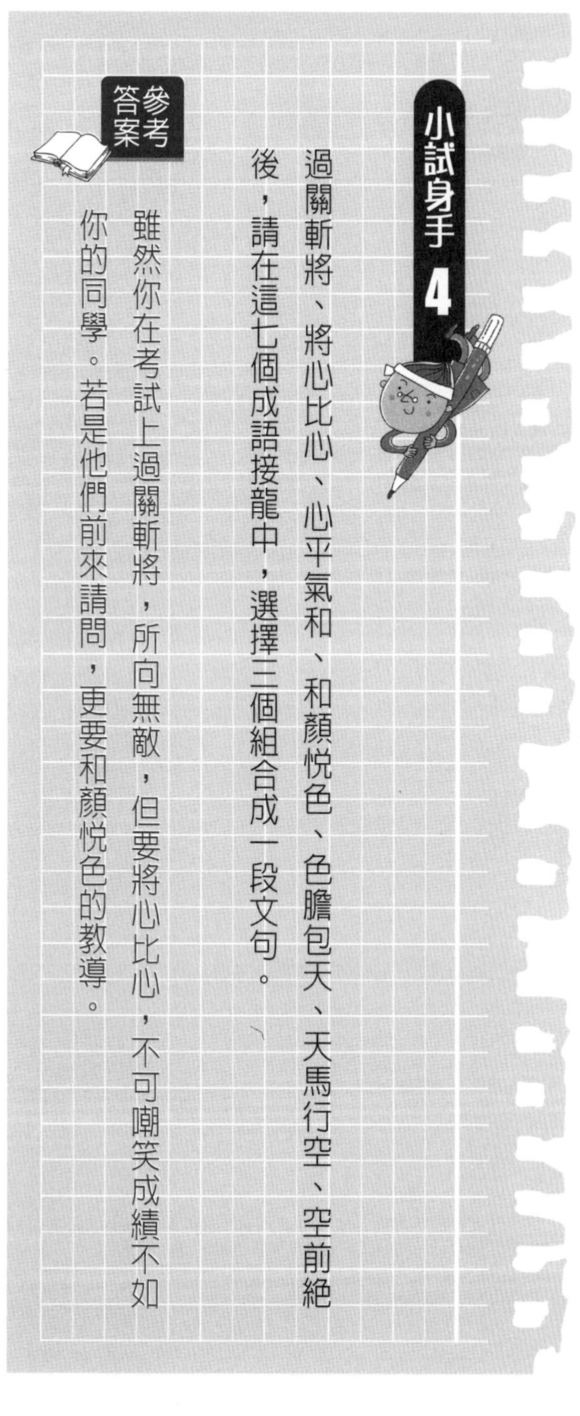

小試身手 4

過關斬將、將心比心、心平氣和、和顏悅色、色膽包天、天馬行空、空前絕後，請在這七個成語接龍中，選擇三個組合成一段文句。

參考答案

雖然你在考試上過關斬將，所向無敵，但要將心比心，不可嘲笑成績不如你的同學。若是他們前來請問，更要和顏悅色的教導。

最後是綜合訓練，也就是夾有詞語和成語的組織力訓練，並規定撰寫綱要，請看範例：

結合詞語：人質、和平、怵目驚心、同仇敵愾

撰寫綱要：ISIS恐怖組織

組合文句：ISIS恐怖組織斬首人質的畫面實在怵目驚心，他們手段殘酷，引起各國同仇

敵愾，揚言要剷除這個恐怖組織，維護世界和平。

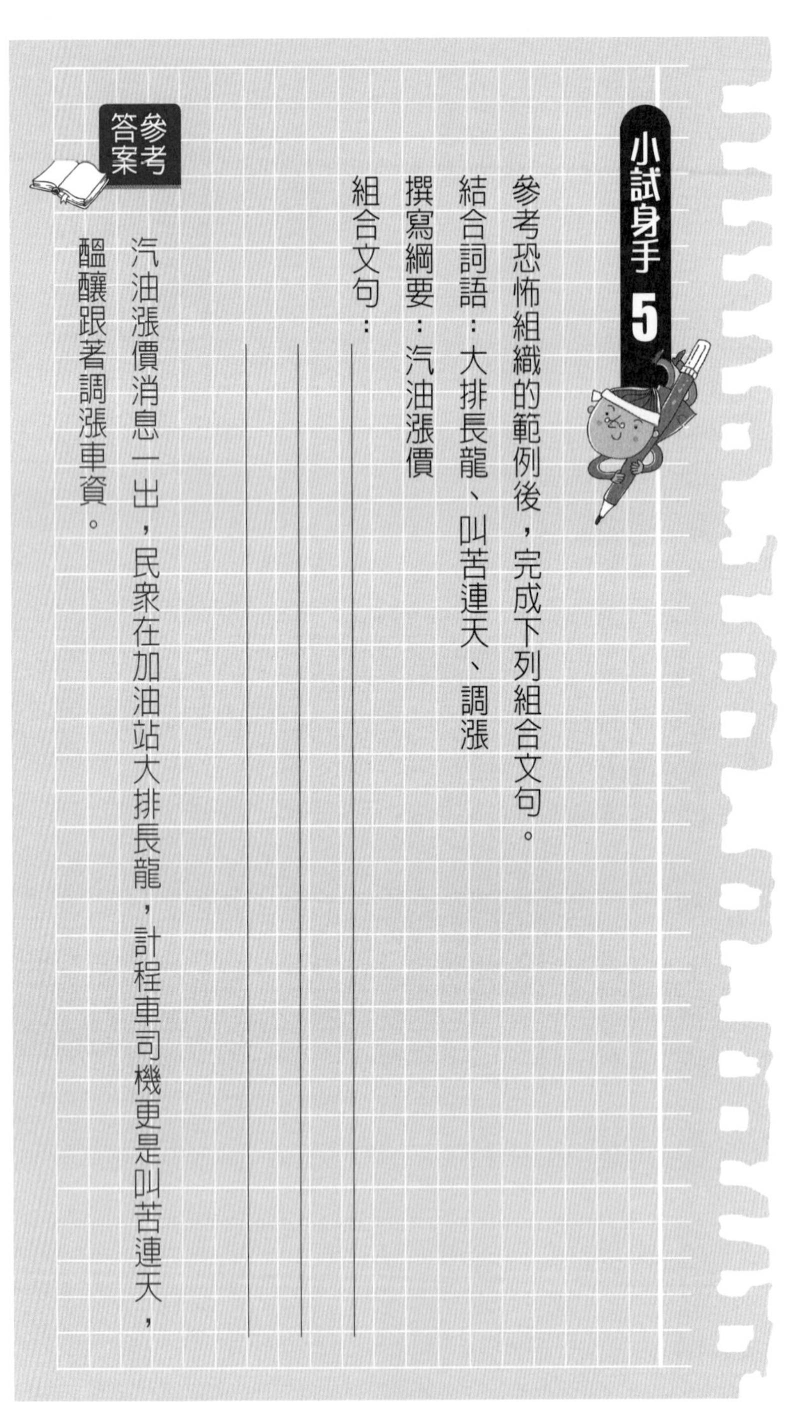

小試身手 5

參考恐怖組織的範例後，完成下列組合文句。

結合詞語：大排長龍、叫苦連天、調漲

撰寫綱要：汽油漲價

組合文句：

參考答案

汽油漲價消息一出，民眾在加油站大排長龍，計程車司機更是叫苦連天，醞釀跟著調漲車資。

第24回 抒情心得
最適合學生發揮

優秀的文章通常是記敘文、論說文、抒情文三大文體兼具，國中會考也是如此，它常以「先故事後心得」的寫作方式呈現，如「一張舊照片」或「一份好禮物」，都是先敘述照片故事或禮物故事後，再撰寫心得。「先故事後心得」的寫作方式：

敘述故事 ⟶ 撰寫心得 ↘ 抒情 ↙ 議論

心得有議論和抒情兩部分，如果心得都是議論，未免太嚴肅了，何況有見解的議論需要一定的年齡和人生的歷練，這對十餘歲的國中生來講，可謂先天不足。顯然的，抒情文才是國中生可發揮的地方。

〈一位令人佩服的人〉

前文大意：昨日九十六歲高齡去世的高雄莊朱玉女阿嬤，五十年來她虧本作生意，經營著十元自助餐，甚至賣出七棟房子，只為讓窮苦的人家吃飽肚子。

末段：我循著電視報導來到阿嬤經營自助餐的地方，站在已經消失的攤位上，想著阿嬤煮菜時的身影，呼吸著阿嬤煮菜時的空氣，感受到阿嬤幫助窮人的大愛（以上睹物抒情）。歲月漫漫，春去秋來，五十年來阿嬤始終站在自助餐崗位上，無怨無悔又無私的奉獻，真叫人動容（以上時間抒情）。阿嬤，您是上帝派來人間的天使嗎？您在天上還掛記著人間的窮苦人家嗎？（以上設問抒情）

〈玉蘭花男童〉

前文大意：奔波在街頭販賣玉蘭花的男童，不幸慘死輪下。

末段：我望著掛在車內已經枯萎的玉蘭花，不禁一陣鼻酸。想起男童叫賣玉蘭花的身影，令人不忍（以上睹物抒情）。更想不到那回的短暫交談，不僅是空前，也是絕後。如今，路上依舊車水馬龍，卻少了男童弱小的身影（以上時間抒情）。而這世界上又有多少人記得，這裡曾經有個賣玉蘭花的男童呢？（以上設問抒情）

〈一位令人佩服的人〉和〈玉蘭花男童〉兩文都是悲劇，末段都是運用三種抒情法，分別是「睹物抒情法」、「時間抒情法」和「設問抒情法」來加深加濃感染力。這樣的手法也常見於古人的文章，特別是祭文。

清代袁枚〈祭妹文〉抒情法舉隅

例句	抒情法
汝之詩，吾已付梓；汝之女，吾已代嫁；汝之生平，吾已作傳。	睹物抒情法
嗚呼！身前既不可想，身後又不可知。	時間抒情法
汝死我葬，吾死誰埋，汝倘有靈，可能告我？	設問抒情法

唐代韓愈〈祭十二郎文〉抒情法舉隅

例句	抒情法
教吾子與汝子，幸其成；長吾女與汝女，待其嫁，如此而已。	睹物抒情法
嗚呼！汝病吾不知時，汝歿吾不知日。	時間抒情法
嗚呼！言有窮而情不可終，汝其知邪？其不知心也邪？	設問抒情法

抒情常帶有感嘆意味，看到舊物而感嘆叫做「睹物思情」，因為時光流逝而感嘆叫做「撫今追昔」，面對疑惑而感嘆叫做「捫心自問」。三種感嘆法都很適合學生練習。

滿級分這樣寫

睹物、時間、設問　三大抒情手法

「睹物抒情法」、「時間抒情法」和「設問抒情法」不一定都要出現，篇幅也不用平均，三種方法的語意承接能夠通暢才是首要。至於先後順序，「睹物抒情法」和「時間抒情法」可互換位置，「設問抒情法」最好放在最後，因為設問法沒有答案，沒有答案會給人深思的空間，深思越大、迴盪越廣、感染越強，抒情效果當然最好。

小試身手 1

運用睹物抒情法，完成末段文句。

前文大意：同學小怡的爸爸早亡，家境貧寒，媽媽只得離鄉背井賺錢。小怡由阿嬤負責照顧，她努力課業，成績名列前茅。日昨身體不適，經醫生檢查，竟然罹患末期血癌。

參考答案

小怡雖然家庭破碎，家境貧寒，但是她力爭上游，成績優異。我打開抽屜，拿出小怡寫給我的生日賀卡，仔細端詳。想到那天，她低著頭遞出卡片，小聲地說：「抱歉，我沒有錢買禮物送你，只能送給你這個。」回憶到這一幕，我不禁熱淚盈眶。

「生日賀卡」就是「物」，作者看到「它」而熱淚盈眶。你一定也有朋友送給你的禮物，是玩具還是鉛筆？是鑰匙圈還是相片？這些都可用來睹物抒情。

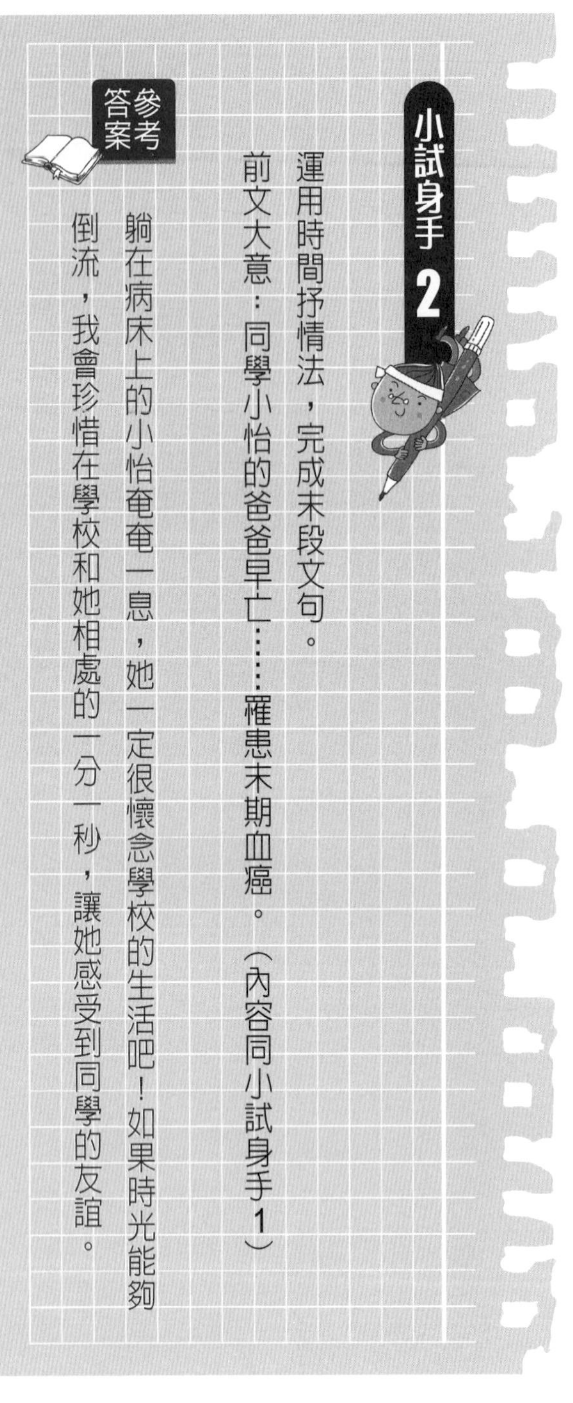

「現在」的「醫院」和「以前」的「學校」，時間不同，場地有異，讓作者對小怡的處境感嘆不已。那麼，幼稚園或小學時的情景，是不是也讓你懷念又感嘆呢？

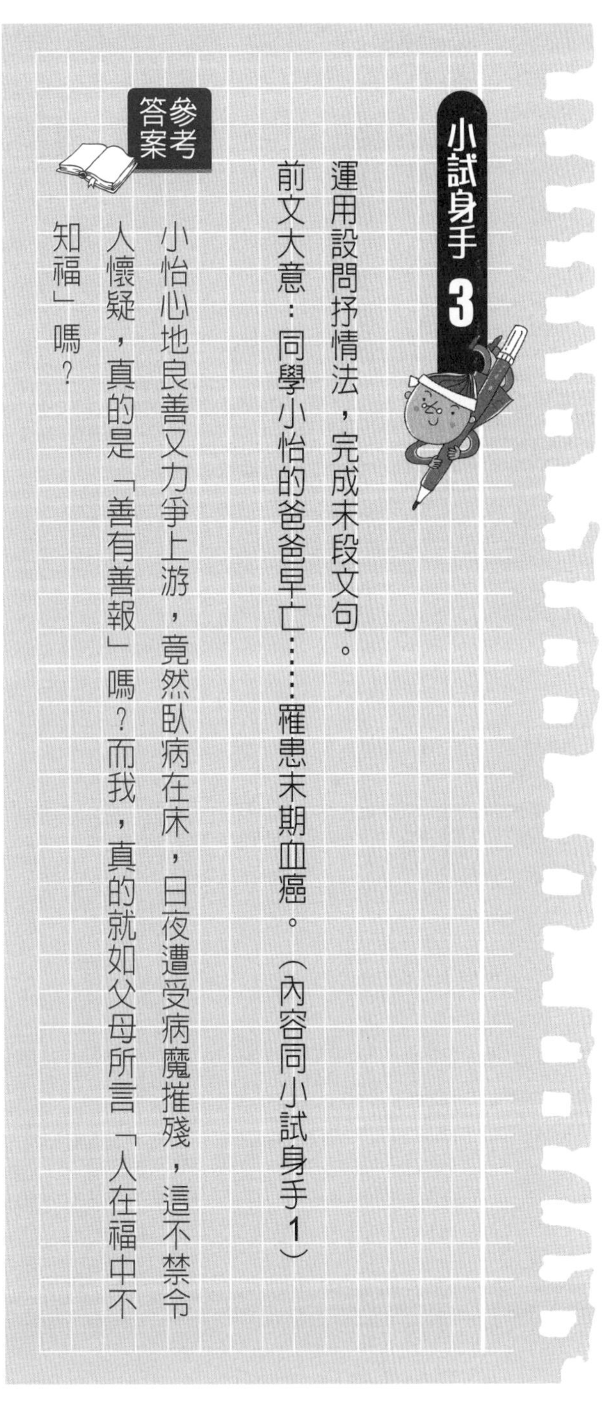

「真的是善有善報嗎？」這句是問老天爺，答案是否定；「人在福中不知福嗎？」這句是自問，答案是肯定。問天、問當事人、自問，都是設問法常見的發問對象。

小試身手 4

參考〈一位令人佩服的人〉和〈玉蘭花男童〉範文後，請以「睹物抒情法」、「時間抒情法」和「設問抒情法」完成末段文句。

前文大意：國小同窗柯Q是我的好友，小六時他隨同家人前往敘利亞定居。

參考答案

柯Q豐富了我的小學生活，雖然他已經遠在敘利亞，但是只要看到中秋節前夕，柯Q出國前送給我的「鑰匙圈」，我就會想起他流著眼淚對我道別：「希望這鑰匙圈能永遠鎖住我們的友誼。」**（以上睹物抒情）**時光飛逝，轉眼過了三年。今天又是中秋節，每逢佳節倍思親**（以上時間抒情）**。柯Q，你在敘利亞過得好嗎？和我一樣在想著對方嗎？**（以上設問抒情）**

「鑰匙圈」是睹物，「三年」是時間，「過得好嗎」和「想著對方嗎」是設問。本段落總字數約一三〇字，放在末段約五～六行，分量恰到好處。

第25回 社論政論
訓練評論能力

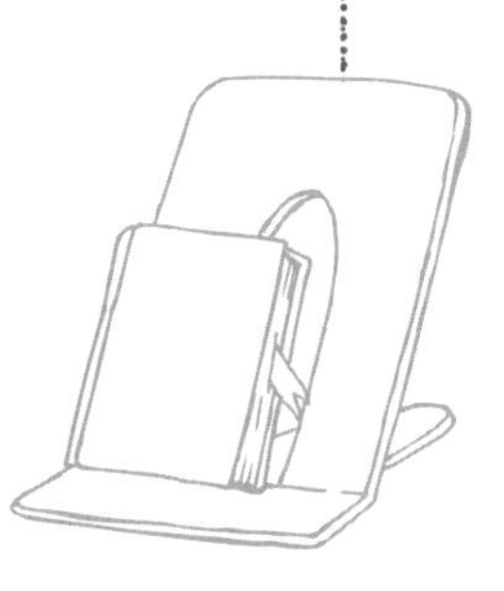

「我的爸爸」、「我的媽媽」、「我的老師」是學生常撰寫的人物文章。人物文章屬於記敘文，記敘文的末尾要有心得，文章才會完整。心得分「抒情」和「議論」兩部分，之前已介紹過「抒情式」心得寫法，這一回要介紹的是「評論式」心得寫法。

國中常見的三種「敘述兼評論」範文結構舉例

寫作手法	範文篇目	文章
論敘論	羅蘭〈欣賞就是快樂〉	1. 一個人，能夠安於手邊所有……（論） 2. 對日抗戰初期，我在淪陷區……（敘） 3. 人生是一件值得歡呼樂享的事……（論）
夾敘夾論	宋晶宜〈雅量〉	1. 朋友買了一件衣料……（敘） 2. 人人的欣賞觀點不盡相同，那是……（論） 3. 如果經常逛布店的話……（敘） 4. 人總會去尋求自己喜歡的事物……（論）
先敘後論	胡適〈母親的教誨〉	1. 每天，天剛亮時……（敘） 2. 如果我學得了一絲一毫好脾氣……（論）

三種寫作方法中，以前半部描述人物，最後評論人物的「先敘後論」最適合國中生學習，因為它的結構最單純。

〈我最佩服的人〉

胡適最佩服的人是「嚴父兼慈母」的媽媽；「既生瑜，何生亮？」既是周瑜的無奈，也是對孔明的稱讚；哥哥對水滸傳中的林沖讚不絕口；老師談到比爾蓋茲就比起大拇指；我最佩服的人是高雄的莊阿嬤。

來自澎湖、未受過教育的平凡莊阿嬤，她在高雄經營著廉價自助餐，在這物價飛漲的時代，她堅持一餐只收十元，若有客人連十元都付不出，阿嬤也不會計較。一開始，許多人在背後笑阿嬤是一位傻瓜，漸漸地，訕笑嘲諷聲不見了，取而代之的是佩服讚美聲。五十年來，阿嬤以便宜的自助餐餵飽附近的窮苦人家，期間，她賣了七棟房子還債，並靠資源回收賺取微薄金錢，以貼補菜錢。兒女們也曾抱怨阿嬤很傻，阿嬤回答：「哎呀，憨囝仔，咱們有法度贊助別人，顛倒卡好咧！」

年初（二〇一五年），阿嬤以九十六歲高齡仙逝，前來參加阿嬤葬禮的民眾有三千多人，禮儀社驚呼：「從來未見這麼多民眾主動前來的場面。」這些民眾大都彼此不認識，都是受到阿嬤的大愛義行而前來致意。一位平凡、穿著樸素的阿嬤，用她不平凡的堅持，展現了臺灣人的大愛，感動了無數的臺灣人。是的，財富和地位只能讓人暫時在表面上屈服，唯有「無私奉獻」的大愛才能讓人發自內心尊敬。每個時代都有這樣默默付出的人物，陳樹菊阿嬤是，我心目中的天使化身——莊阿嬤也是。

本文前半部在敘述莊阿嬤的善行，是屬於記「人」的記敘文，末段「一位平凡……莊阿嬤也是」則為「評論式」的心得。

評論式心得必須提出自己的看法，對國中生來講有點難度。然而，有難度才會有深度。如何才能有深度地提出對人物或事情的看法，閱覽報紙的社論或收看電視的政論節目，都是很好的訓練方法。

穿著、看法、結合　評論入門捷徑

評論人物沒有一定的手法，它需要人生的歷練和歲月的洗練。底下再以〈我最佩服的人〉一文為例，探討三種評論人物手法。

> 一位平凡、穿著樸素的阿嬤，用她不平凡的堅持，展現了臺灣人的大愛，感動了無數的臺灣人（以上藉由描述人物穿著以摘錄大意）。是的，財富和地位只能讓人暫時在表面上屈服，唯有「無私奉獻」的大愛才能讓人發自內心尊敬（以上根據摘錄大意提出看法）。每個時代都有這樣默默付出的人物，陳樹菊阿嬤是，我心目中的天使化身——莊阿嬤也是（以上結合當事人）。

上文運用的是「穿著、看法、結合」評論法，也就是：

藉由描述人物穿著以摘錄大意→根據摘錄大意提出看法→結合當事人

若是正面人物，可藉由誇獎外表，下「正面」評論；若是負面人物，也可藉由批評外表，再下負面評語。莊阿嬤是正面人物，所以藉由「穿著樸素的阿嬤」一句，摘錄出大意。

小試身手 1

參考莊阿嬤評論人物三手法後，請根據下文，對「大企業家」下一個約一〇〇個字的「正面評語」。

這位大企業家常常穿著大賣場裡便宜的襯衫，理著一個最便宜的五分頭，有時就在路邊攤吃起了滷肉飯和臭豆腐。

參考答案

「人不可貌相，海水不可斗量」，穿著便宜襯衫的凡夫俗子，有可能是大老闆；坐在路邊攤吃滷肉飯的人，也有可能是企業家（**以上藉由描述人物穿著以摘錄大意**）。真正的絕世高手通常以最平凡的外表出現，絕對不會四處吹噓自己的武功（**以上根據摘錄大意提出看法**）。這位偉大的大企業家也是一樣，平凡的外表下，有著令人稱羨的成就（**以上結合當事人**）。

小試身手 2

請根據下文，對「大學生」下一個約一〇〇個字的「負面評語」。

這位大學生剛剛由學校畢業，年紀輕輕還未上班就一身昂貴的名牌服飾，舉止闊綽，出入都以高級轎車代步。

參考答案

這位大學生以高級轎車代步，以名牌打扮自己，很可能是愛慕虛榮，打腫臉充胖子而已**（以上藉由描述人物穿著以摘錄大意）**。一個人要受到別人的尊重，絕對不是外表的打扮，而是內在的素養**（以上根據摘錄大意提出看法）**。這位大學生外表雖然亮麗光鮮，卻沒有經過歷練，很可能只是「溫室裡的花朵」罷了**（以上為結合當事人）**。

評論人物的手法千變萬化，「穿著、看法、結合法」只是提供參考而已。在國中範文〈五柳先生傳〉裡，有結合名言「不戚戚於貧賤、不汲汲於富貴」的評論法；在〈母親的教誨〉裡，有「如果我學得了一絲一毫好脾氣……我都得感謝我的母親」這種結合「我」的評論法。

以後同學閱讀人物文章時，請留意末段的評論手法。日積月累下，或許你也能成為一位有深度的評論家喔！

一寸短　一寸險

二〇一三年基測寫作測驗題目〈來不及〉評析

二〇一三年是基測的最後一年，只有三個字的寫作題目〈來不及〉，創下字數最少的紀錄，歷年來最長的題目是十三字的〈我在成長中逐漸明白的一件事〉，前後字數相差四倍。〈來不及〉不像是一個作文題目，它和前些年的〈常常，我想起那雙手〉、〈我曾經那樣追尋〉題目類似，好像是一句簡易的對話，或是從文章節錄一句而來。

寫作題目字數多時，我們可以拆成幾個詞彙，如〈我在成長中逐漸明白的一件事〉，由「我」、「成長」、「逐漸明白」、「一件事」四處組合；有時甚至可以找出最重要的詞彙，如「逐漸明白」就是。「來不及」只有三個字，它就是一個詞彙，無法拆解。

題目夠長時，若未能針對最重要的詞彙發揮，不過是「偏題」；別以為〈來不及〉是短題，就容易審題，正因為它只有一個詞彙，無旋轉迂迴空間，行文一偏，就「離題」了。偏題只是偏離題目，離題則是離開題目，兩者輕重有別。所謂「一寸短，一寸險」，正是指〈來不及〉這種短小題目。

〈來不及〉和歷屆基測寫作試題相同，都是要考生從日常生活中，找尋和題目相關的事件。這樣的試題只要從「食衣住行」下手，就可找到合適的題材。請看底下取材表格——

基測寫作試題〈來不及〉取材舉例

	舉例
食	爺爺臨終前，未能及時趕上家族聚餐
衣	深冬寒流時，未能及時送出保暖衣物
住	住家火災時，未能及時救出家中寵物
行	同學移民時，未能及時前往機場送別

「來不及」會造成「遺憾」，遺憾越大，感染力越強，而「生離死別」的遺憾最能震撼人心，最能催人淚下，最能讓閱卷老師心有戚戚焉。

〈來不及〉和〈我最後悔的一件事〉非常類似，寫完「來不及」、「後悔」的事件後，更要寫出感想，也就是從這事件中獲得怎樣的體會？是把握當下，珍惜擁有呢？還是走出傷痛，迎向光明？如果時光倒流，你又將如何行事？

前已言之，「來不及」通常會造成「遺憾」，但是，有時「來不及」也是幸運，如趕不上交通工具而逃過一劫。更有人撇開自己的來不及，寫出「他人」的來不及對我的影響。上述兩者題材觀點都很特殊，都很有創造性。

基測寫作試題〈來不及〉級分分析表

級分	寫作內容
四級分	1. 寫出「來不及」事情的經過 2. 寫出對事件的感想 3. 寫滿一面
五級分	1. 寫出「來不及」事件的經過 2. 寫出對事件的感想 3. 寫到第二面，最少三行
六級分	1. 寫出「來不及」事件的經過 2. 寫出對事件的感想 3. 寫到第二面，最少六行 4. 要有文采，如修辭、成語、名句等

總之，這是一個熟悉又好發揮的題目，考生當慶幸「來得及」赴上末代基測，至於「來不及」之嘆，就留給明年考生了。

多元能力　才足以面對未來

二〇一四年會考寫作測驗題目〈面對未來，我應該具備的能力〉評析

常常有人問我：「歷屆的基測作文和會考作文，兩者有何不同？又，會考作文如何準備？」呵！兩者的寫作規則相同，不能換湯；考生依舊是國中生，也不能換藥。結論是：基測寫作和會考寫作，同一件事也。既然是同一件事，所以準備方法也相同。

二〇一四年是首屆會考，作文題目是〈面對未來，我應該具備的能力〉，它再次宣告基測和會考的確是「同一件事也」。此題目有十二字之多，僅次於最高紀錄十三字的〈我在成長中逐漸明白的一件事〉。

這個題目可簡化為「未來應具備的能力」八字，是一個相當容易發揮的題目。若有人高喊不好寫，一定是無感學生，無感於新聞時事，無感於師長的殷殷叮嚀，無感於父母的耳提面命。相反的，有感學生就能從中獲得啟示。

有感學生能從周遭擷取「未來應具備的能力」

取材的方向		
類別	舉例	對應能力
新聞事件	1. 智慧型手機推陳出新 2. 馬航MH370失蹤事件 3. 太陽花事件	1. 創新能力 2. 解決危機的能力 3. 表達能力
師長殷殷叮嚀	1. 英文要學好 2. 電腦要學好 3. 要多多看書	1. 語言能力 2. 科技能力 3. 求知能力
父母耳提面命	1. 不要亂砸東西 2. 不要好高騖遠 3. 要習得一技之長	1. 控制情緒的能力 2. 自我了解的能力 3. 專業能力

你可以採用一元論點，也就是挑選你認為最重要的一種能力大肆鋪寫；也可以採取多元論點，也就是寫兩種以上的能力。仔細審查這個題目，當會發現多元論點比較吃香，它可以展現出你對未來的深刻認識——具備多種能力才能生存。相較之下，想以一種能力就要立足於未來，說服力就顯得單薄無力了。寫作多元論點時，可採取「段落標題法」：

下標題→說明標題的重要→舉例印證

段落標題法在〈面對未來，我應該具備的能力〉的運用

段落	內容
首段	說明未來是一個多變又競爭的世界。
第二段	面對未來，首先要有「語言能力」（下標題）：「地球村、國際觀」口號此起彼落……（說明標題的重要）。有次，我到國外旅遊，遇到老外……（舉例印證）。
第三段	面對未來，再來要有「科技能力」（下標題）：科技日新月異，3C產品到處都是……（說明標題的重要）。有次，我迷路了，靠著手機……（舉例印證）。
第四段	面對未來，還要有「控制情緒的能力」（下標題）：情緒一旦失控，往往會做出令人後悔一輩子的事……（說明標題的重要）。有次，我為了一件小事和朋友拍桌對罵，幾乎動手……（舉例印證）。
末段	不可局限在上述三能力，簡單說明尚需其他能力，才能面對未來。

「語言能力」、「科技能力」、「創新能力」、「保健能力」都屬於外向的硬實力，宜搭配「控制情緒」、「包容異見」、「交際手腕」等內向的軟實力，兩者若能同時入題，就能內外兼修，具有「獲得六級分」的能力了。

妾身千萬難

二〇一五年會考寫作測驗題目〈捨不得〉評析

元代姚燧〈寄征衣〉：「欲寄君衣君不還，不寄君衣君又寒。寄與不寄間，妾身千萬難。」短短數語，道盡「捨不得」和「捨得」的矛盾心情，而這「捨不得」正是二〇一五年的會考寫作題目，它和二〇一三年的基測題目〈來不及〉一樣簡短，也一樣容易發揮，因為生活中「捨不得」的事太多了。

這種以日常經驗為寫作素材的試題，已經行之有年。考生看到〈捨不得〉這種典型的寫作題目，應當會感到很親切。對於準備「積極向上」、「奮鬥感人」故事的考生，當可淋漓盡致地發揮。

〈捨不得〉和〈來不及〉一樣，都可從「食衣住行」來尋找素材，請看下一頁取材表格：

	舉例
食	享用吃到飽自助餐，捨不得放棄任何一道菜。
衣	寒冬來臨，捨不得深夜單衣撿拾破爛的婆婆。
住	搬入豪華新居前，捨不得舊房子裡頭的家具。
行	捨不得為了省錢的爸爸，以腳踏車載送重貨。

表格中的「食」是享受的捨不得，「住」更是提升享受後的捨不得，「衣」是帶有同情心的捨不得，「行」是有著體諒心的捨不得。這四種素材何者最適合寫入「捨不得」呢？自然是有著同情心的「衣」和體諒心的「行」，因為這兩者的層次高，不是物質享受的捨不得，而是進入心靈層面的捨不得。

當然，也可以從「親朋好友」來尋找素材，如「捨不得叫醒上夜班的爸爸」、「捨不得兼任兩份工作的單親媽媽」、「捨不得天天注射胰島素的同學」，或是最多人寫的「捨不得和同學畢業分離」。或者，也可以從職業角度來寫，如「捨不得老師臉上的皺紋」、「捨不得在高溫廚房內的廚師」、「捨不得在高空鋼架上行走的工人」等。

除了寫捨不得的事情外，「為何捨不得？」「後來如何處理？」「處理後有何感受？」這些也都要寫入，文章才會完整。

「我已讀你的已讀」，日前一名高中女生以這短短七字抱走簡訊文學獎首獎七萬元獎金，短短一語道出現代人對訊息的期盼與對「已讀不回」的失落。這和被教育部收入六級分範文、臺北市明湖國中考生韋哲寫出的「我捨不得別人的捨不得」，有異曲同工之妙，同樣令人激賞。下回，看到〈我最得意的事〉或〈夏天最棒的享受〉題目時，也可考慮寫出「我最得意的是看到你的得意」、「夏天最棒的享受就是欣賞你在享受夏天」，這種有點繞口令又特殊的素材，最有賣點。

國家圖書館出版品預行編目資料

寫出作文滿級分 / 施教麟著. -- 初版. -- 臺北市：五南，2016.02
面；　公分
ISBN 978-957-11-8464-7（平裝）

1.漢語教學　2.寫作法　3.中等教育

524.313　　104028511

寫出作文滿級分

作者　施教麟（158.4）
總編輯　王翠華
執行主編　黃文瓊
編輯　吳雨潔
封面設計　吳佳臻
版型設計　菩薩蠻數位有限公司

出版者　五南圖書出版股份有限公司
發行人　楊榮川
地址：台北市大安區 106 和平東路二段三三九號四樓
電話：〇二─二七〇五五〇六六（代表號）
傳真：〇二─二七〇六六一〇〇
郵政劃撥：〇一〇六八九五─三
網址：http://www.wunan.com.tw
電子信箱：wunan@wunan.com.tw

顧問　林勝安律師事務所　林勝安律師

版刷　中華民國一〇五年二月初版一刷

定價　三二〇元